Gradus Extra

Cicero gegen Catilina: Die erste Rede,
lateinisch und deutsch

Übersetzung,
Erläuterungen und Lösungen
von

Annette Hirt

Vandenhoeck & Ruprecht

Bibliografische Information der Deutschen Nationalbibliothek

Die Deutsche Nationalbibliothek verzeichnet diese Publikation in der Deutschen Nationalbibliografie; detaillierte bibliografische Daten sind im Internet über http://dnb.d-nb.de abrufbar.

ISBN 978-3-525-26400-3

Druck und Bindung: ⊕ Hubert & Co, Göttingen

Gedruckt auf alterungsbeständigem Papier.

Inhalt

Cicero gegen Catilina: der lateinische Text in *Gradus*-Pensen

Gradus: Erläuterungen und Lösungen

Cicero gegen Catilina: die Übersetzung in *Gradus*-Pensen

Cicero gegen Catilina:
der lateinische Text in *Gradus*-Pensen

Gradus XI

[1] Quousque tandem abutere, Catilina, patientia nostra? quamdiu etiam furor iste tuus nos eludet? quem ad finem sese effrenata iactabit audacia? Nihilne te nocturnum praesidium Palati, nihil urbis vigiliae, nihil timor populi, nihil concursus bonorum omnium, nihil hic munitissimus habendi senatus locus, nihil horum ora vultusque moverunt? Patere tua consilia non sentis, constrictam iam horum omnium scientia teneri coniurationem tuam non vides? Quid proxima, quid superiore nocte egeris, ubi fueris, quos convocaveris, quid consilii ceperis, quem nostrum ignorare arbitraris?

[2] O tempora, o mores! Senatus haec intellegit, consul videt; hic tamen vivit. Vivit? immo vero etiam in senatum venit, fit publici consilii particeps, notat et designat oculis ad caedem unum quemque nostrum. Nos autem fortes viri satis facere rei publicae videmur, si istius furorem ac tela vitamus. Ad mortem te, Catilina, duci iussu consulis iam pridem oportebat, in te conferri pestem, quam tu in nos omnes iam diu machinaris.

[3] An vero vir amplissimus, Publius Scipio, pontifex maximus, Tiberium Gracchum mediocriter labefactantem statum rei publicae privatus interfecit: Catilinam orbem terrae caede atque incendiis vastare cupientem nos consules perferemus? Nam illa nimis antiqua praetereo, quod Gaius Servilius Ahala Spurium Maelium novis rebus studentem manu sua occidit. Fuit, fuit ista quondam in hac re publica virtus, ut viri fortes acrioribus suppliciis civem perniciosum quam acerbissimum hostem coerce-rent. Habemus senatus consultum in te, Catilina, vehemens et grave, non deest rei publicae consilium neque auctoritas huius ordinis; nos, nos, dico aperte, consules desumus.

[4] Decrevit quondam senatus, uti Lucius Opimius consul videret, ne quid res publica detrimenti caperet; nox nulla intercessit: interfectus est propter quasdam seditionum suspiciones Gaius Gracchus, clarissimo patre, avo, maioribus, occisus est cum liberis Marcus Fulvius consularis. Simili senatus consulto Gaio

Mario et Lucio Valerio consulibus est permissa res publica: num unum diem postea Lucium Saturninum tribunum plebis et Gaium Servilium praetorem mors ac rei publicae poena remorata est? At vero nos vicesimum iam diem patimur hebescere aciem horum auctoritatis. Habemus enim eius modi senatus consultum, verum inclusum in tabulis, tamquam in vagina reconditum, quo ex senatus consulto confestim te interfectum esse, Catilina, convenit. Vivis, et vivis non ad deponendam, sed ad confirmandam audaciam. Cupio, patres conscripti, me esse clementem, cupio in tantis rei publicae periculis me non dissolutum videri, sed iam me ipse inertiae nequitiaeque condemno.

Gradus XII

[5] Castra sunt in Italia contra populum Romanum in Etruriae faucibus collocata, crescit in dies singulos hostium numerus; eorum autem castrorum imperatorem ducemque hostium intra moenia atque adeo in senatu videmus intestinam aliquam cotidie perniciem rei publicae molientem. Si te iam, Catilina, comprehendi, si interfici iussero, credo, erit verendum mihi, ne non potius hoc omnes boni serius a me quam quisquam crudelius factum esse dicat. Verum ego hoc, quod iam pridem factum esse oportuit, certa de causa nondum adducor, ut faciam. Tum denique interficiere, cum iam nemo tam improbus, tam perditus, tam tui similis inveniri poterit, qui id non iure factum esse fateatur.

[6] Quamdiu quisquam erit, qui te defendere audeat, vives, et vives ita, ut nunc vivis, multis meis et firmis praesidiis obsessus, ne commovere te contra rem publicam possis. Multorum te etiam oculi et aures non sentientem, sicut adhuc fecerunt, speculabuntur atque custodient. Etenim quid est, Catilina, quod iam amplius expectes, si neque nox tenebris obscurare coetus nefarios nec privata domus parietibus continere voces coniurationis tuae potest, si illustrantur, si erumpunt omnia? Muta iam istam mentem, mihi crede, obliviscere caedis atque incendiorum. Teneris undique; luce sunt clariora nobis tua consilia omnia; quae iam mecum licet recognoscas.

[7] Meministine me ante diem XII Kalendas Novembris dicere in senatu fore in armis certo die, qui dies futurus esset ante diem VI Kalendas Novembris, Gaium Manlium, audaciae satellitem atque

administrum tuae? Num me fefellit, Catilina, non modo res tanta tam atrox tamque incredibilis, verum, id quod multo magis est admirandum, dies? Dixi ego idem in senatu caedem te optimatium contulisse in ante diem V Kalendas Novembris, tum cum multi principes civitatis Roma non tam sui conservandi quam tuorum consiliorum reprimendorum causa profugerunt. Num infitiari potes te illo ipso die meis praesidiis, mea diligentia circumclusum commovere te contra rem publicam non potuisse, cum tu discessu ceterorum nostra tamen, qui remansissemus, caede te contentum esse dicebas?

[8] Quid? cum te Praeneste Kalendis ipsis Novembribus occupaturum nocturno impetu esse confideres, sensistine illam coloniam meo iussu meis praesidiis, custodiis, vigiliis esse munitam? Nihil agis, nihil moliris, nihil cogitas, quod non ego non modo audiam, sed etiam videam planeque sentiam. Recognosce tandem mecum noctem illam superiorem; iam intelleges multo me vigilare acrius ad salutem quam te ad perniciem rei publicae. Dico te priore nocte venisse inter falcarios – non agam obscure – in Marci Laecae domum; convenisse eodem complures eiusdem amentiae scelerisque socios. Num negare audes? quid taces? Convincam, si negas. Video enim esse hic in senatu quosdam, qui tecum una fuerunt.

Gradus XIII

[9] O di immortales! ubinam gentium sumus? quam rem publicam habemus? in qua urbe vivimus? Hic, hic sunt in nostro numero, patres conscripti, in hoc orbis terrae sanctissimo gravissimoque consilio, qui de nostro omnium interitu, qui de huius urbis atque adeo de orbis terrarum exitio cogitent! Hos ego video consul et de re publica sententiam rogo et, quos ferro trucidari oportebat, eos nondum voce vulnero! Fuisti igitur apud Laecam illa nocte, Catilina, distribuisti partes Italiae, statuisti, quo quemque proficisci placeret, delegisti, quos Romae relinqueres, quos tecum educeres, discripsisti urbis partes ad incendia, confirmasti te ipsum iam esse exiturum, dixisti paulum tibi esse etiam nunc morae, quod ego viverem. Reperti sunt duo equites Romani, qui te ista cura liberarent et se illa ipsa nocte paulo ante lucem me in meo lecto interfecturos esse pollicerentur.

[10] Haec ego omnia vixdum etiam coetu vestro dimisso comperi; domum meam maioribus praesidiis munivi atque firmavi, exclusi eos, quos tu ad me salutatum mane miseras, cum illi ipsi venissent, quos ego iam multis ac summis viris ad me id temporis venturos esse praedixeram. Quae cum ita sint, Catilina, perge, quo coepisti: egredere aliquando ex urbe; patent portae; proficiscere. Nimium diu te imperatorem tua illa Manliana castra desiderant. Educ tecum etiam omnes tuos, si minus, quam plurimos; purga urbem. Magno me metu liberabis, modo inter me atque te murus intersit. Nobiscum versari iam diutius non potes; non feram, non patiar, non sinam.

[11] Magna dis immortalibus habenda est atque huic ipsi Iovi Statori, antiquissimo custodi huius urbis, gratia, quod hanc tam taetram, tam horribilem tamque infestam rei publicae pestem totiens iam effugimus. Non est saepius in uno homine summa salus periclitanda rei publicae. Quamdiu mihi consuli designato, Catilina, insidiatus es, non publico me praesidio, sed privata diligentia defendi. Cum proximis comitiis consularibus me consulem in campo et competitores tuos interficere voluisti, compressi conatus tuos nefarios amicorum praesidio et copiis nullo tumultu publice concitato; denique, quotienscumque me petisti, per me tibi obstiti, quamquam videbam perniciem meam cum magna calamitate rei publicae esse coniunctam.

[12] Nunc iam aperte rem publicam universam petis, templa deorum immortalium, tecta urbis, vitam omnium civium, Italiam totam ad exitium et vastitatem vocas. Quare, quoniam id, quod est primum, et quod huius imperii disciplinaeque maiorum proprium est, facere nondum audeo, faciam id, quod est ad severitatem lenius, ad communem salutem utilius. Nam si te interfici iussero, residebit in re publica reliqua coniuratorum manus; sin tu, quod te iam dudum hortor, exieris, exhaurietur ex urbe tuorum comitum magna et perniciosa sentina rei publicae.

[13] Quid est, Catilina? num dubitas id me imperante facere, quod iam tua sponte faciebas? Exire ex urbe iubet consul hostem. Interrogas me, num in exilium? Non iubeo, sed, si me consulis, suadeo. Quid est enim, Catilina, quod te iam in hac urbe delectare possit? in qua nemo est extra istam coniurationem perditorum hominum, qui te non metuat, nemo, qui non oderit. Quae nota domesticae turpitudinis non inusta vitae tuae est?

quod privatarum rerum dedecus non haeret in fama? quae libido ab oculis, quod facinus a manibus umquam tuis, quod flagitium a toto corpore afuit? cui tu adulescentulo, quem corruptelarum illecebris irretisses, non aut ad audaciam ferrum aut ad libidinem facem praetulisti?

[14] Quid vero? nuper cum morte superioris uxoris novis nuptiis domum vacuefecisses, nonne etiam alio incredibili scelere hoc scelus cumulavisti? quod ego praetermitto et facile patior sileri, ne in hac civitate tanti facinoris immanitas aut exstitisse aut non vindicata esse videatur. Praetermitto ruinas fortunarum tuarum, quas omnes impendere tibi proximis Idibus senties: ad illa venio, quae non ad privatam ignominiam vitiorum tuorum, non ad domesticam tuam difficultatem ac turpitudinem, sed ad summam rem publicam atque ad omnium nostrum vitam salutemque pertinent.

Gradus XIV

[15] Potestne tibi haec lux, Catilina, aut huius caeli spiritus esse iucundus, cum scias esse horum neminem, qui nesciat te pridie Kalendas Ianuarias Lepido et Tullo consulibus stetisse in comitio cum telo, manum consulum et principum civitatis interficiendorum causa paravisse, sceleri ac furori tuo non mentem aliquam aut timorem tuum sed fortunam populi Romani obstitisse? Ac iam illa omitto – neque enim sunt aut obscura aut non multa commissa postea: quotiens tu me designatum, quotiens vero consulem interficere conatus es! quot ego tuas petitiones ita coniectas, ut vitari posse non viderentur, parva quadam declinatione et, ut aiunt, corpore effugi! Nihil agis, nihil assequeris neque tamen conari ac velle desistis.

[16] Quotiens iam tibi extorta est ista sica de manibus, quotiens excidit casu aliquo et elapsa est! Quae quidem quibus abs te initiata sacris ac devota sit, nescio, quod eam necesse putas esse in consulis corpore defigere. Nunc vero quae tua est ista vita? Sic enim iam tecum loquar, non ut odio permotus esse videar, quo debeo, sed ut misericordia, quae tibi nulla debetur. Venisti paulo ante in senatum. Quis te ex hac tanta frequentia, tot ex tuis amicis ac necessariis salutavit? Si hoc post hominum memoriam

contigit nemini, vocis expectas contumeliam, cum sis gravissimo iudicio taciturnitatis oppressus? Quid, quod adventu tuo ista subsellia vacuefacta sunt, quod omnes consulares, qui tibi persaepe ad caedem constituti fuerunt, simul atque assedisti, partem istam subselli-orum nudam atque inanem reliquerunt, quo tandem animo hoc tibi ferendum putas?

[17] Servi mehercule mei si me isto pacto metuerent, ut te metuunt omnes cives tui, domum meam relinquendam putarem: tu tibi urbem non arbitraris? et si me meis civibus iniuria suspectum tam graviter atque offensum viderem, carere me aspectu civium quam infestis omnium oculis conspici mallem: tu, cum conscientia scelerum tuorum agnoscas odium omnium iustum et iam diu tibi debitum, dubitas, quorum mentes sensusque vulneras, eorum aspectum praesentiamque vitare? Si te parentes timerent atque odissent tui neque eos ratione ulla placare posses, ut opinor, ab eorum oculis aliquo concederes. Nunc te patria, quae communis est parens omnium nostrum, odit ac metuit et iam diu nihil te iudicat nisi de parricidio suo cogitare: huius tu neque auctoritatem verebere nec iudicium sequere nec vim pertimesces?

[18] Quae tecum, Catilina, sic agit et quodam modo tacita loquitur: „Nullum iam aliquot annis facinus exstitit nisi per te, nullum flagitium sine te; tibi uni multorum civium neces, tibi vexatio direptioque sociorum impunita fuit ac libera; tu non solum ad neglegendas leges et quaestiones verum etiam ad evertendas perfringendasque valuisti. Superiora illa, quamquam ferenda non fuerunt, tamen, ut potui, tuli; nunc vero me totam esse in metu propter unum te, quicquid increpuerit, Catilinam timeri, nullum videri contra me consilium iniri posse, quod a tuo scelere abhorreat, non est ferendum. Quamobrem discede atque hunc mihi timorem eripe; si est verus, ne opprimar, sin falsus, ut tandem aliquando timere desinam.“

[19] Haec si tecum, ut dixi, patria loquatur, nonne impetrare debeat, etiam si vim adhibere non possit? Quid, quod tu te in custodiam dedisti, quod vitandae suspicionis causa ad Manium Lepidum te habitare velle dixisti? A quo non receptus etiam ad me venire ausus es, atque, ut domi meae te asservarem, rogasti. Cum a me quoque id responsum tulisses, me nullo modo posse isdem parietibus tuto esse tecum, qui magno in periculo essem, quod isdem moenibus contineremur, ad Quintum Metellum

praetorem venisti. A quo repudiatus ad sodalem tuum, virum optimum, Marcum Metellum demigrasti, quem tu videlicet et ad custodiendum te diligentissimum et ad suspicandum sagacissimum et ad vindicandum fortissimum fore putasti. Sed quam longe videtur a carcere atque a vinculis abesse debere, qui se ipse iam dignum custodia iudicarit?

[20] Quae cum ita sint, Catilina, dubitas, si emori aequo animo non potes, abire in aliquas terras et vitam istam multis suppliciis iustis debitisque ereptam fugae solitudinique mandare? „Refer", inquis, „ad senatum"; id enim postulas et, si hic ordo placere sibi decreverit te ire in exilium, obtemperaturum te esse dicis. Non referam, id quod abhorret a meis moribus, et tamen faciam, ut intellegas, quid hi de te sentiant. Egredere ex urbe, Catilina, libera rem publicam metu, in exilium, si hanc vocem exspectas, proficiscere. Quid est? ecquid attendis, ecquid animadvertis horum silentium? Patiuntur, tacent. Quid exspectas auctoritatem loquentium, quorum voluntatem tacitorum perspicis?

[21] At si hoc idem huic adulescenti optimo Publio Sestio, si fortissimo viro Marco Marcello dixissem, iam mihi consuli hoc ipso in templo senatus iure optimo vim et manus intulisset. De te autem, Catilina, cum quiescunt, probant, cum patiuntur, decernunt, cum tacent, clamant; neque hi solum, quorum tibi auctoritas est videlicet cara, vita vilissima, sed etiam illi equites Romani, honestissimi atque optimi viri, ceterique fortissimi cives, qui circumstant senatum, quorum tu et frequentiam videre et studia perspicere et voces paulo ante exaudire potuisti. Quorum ego vix abs te iam diu manus ac tela contineo, eosdem facile adducam, ut te haec, quae vastare iam pridem studes, relinquentem usque ad portas prosequantur.

Gradus XV

[22] Quamquam quid loquor? te ut ulla res frangat, tu ut umquam te corrigas, tu ut ullam fugam meditere, tu ut ullum exilium cogites? Utinam tibi istam mentem di immortales dent! tametsi video, si mea voce perterritus ire in exilium animum induxeris, quanta tempestas invidiae nobis, si minus in praesens tempus recenti memoria scelerum tuorum, at in posteritatem

impendeat. Sed est tanti, dum modo tua ista sit privata calamitas et a rei publicae periculis seiungatur. Sed tu ut vitiis tuis commoveare, ut legum poenas pertimescas, ut temporibus rei publicae cedas, non est postulandum. Neque enim is es, Catilina, ut te aut pudor a turpitudine aut metus a periculo aut ratio a furore revocarit.

[23] Quamobrem, ut saepe iam dixi, proficiscere ac, si mihi inimico, ut praedicas, tuo conflare vis invidiam, recta perge in exilium; vix feram sermones hominum, si id feceris, vix molem istius invidiae, si in exilium iussu consulis ieris, sustinebo. Sin autem servire meae laudi et gloriae mavis, egredere cum importuna sceleratorum manu, confer te ad Manlium, concita perditos cives, secerne te a bonis, infer patriae bellum, exsulta impio latrocinio, ut a me non eiectus ad alienos, sed invitatus ad tuos isse videaris.

[24] Quamquam quid ego te invitem, a quo iam sciam esse praemissos, qui tibi ad forum Aurelium praestolarentur armati, cui sciam pactam et constitutam cum Manlio diem, a quo etiam aquilam illam argenteam, quam tibi ac tuis omnibus confido perniciosam ac funestam futuram, cui domi tuae sacrarium sceleratum constitutum fuit, sciam esse praemissam? Tu ut illa carere diutius possis, quam venerari ad caedem proficiscens solebas, a cuius altaribus saepe istam impiam dexteram ad necem civium transtulisti?

[25] Ibis tandem aliquando, quo te iam pridem ista tua cupiditas effrenata ac furiosa rapiebat; neque enim tibi haec res affert dolorem, sed quandam incredibilem voluptatem. Ad hanc te amentiam natura peperit, voluntas exercuit, fortuna servavit. Numquam tu non modo otium, sed ne bellum quidem nisi nefarium concupisti. Nactus es ex perditis atque ab omni non modo fortuna, verum etiam spe derelictis conflatam improborum manum.

[26] Hic tu qua laetitia perfruere, quibus gaudiis exsultabis, quanta in voluptate bacchabere, cum in tanto numero tuorum neque audies virum bonum quemquam neque videbis! Ad huius vitae studium meditati illi sunt, qui feruntur, labores tui, iacere humi non solum ad obsidendum stuprum, verum etiam ad faci-

nus obeundum, vigilare non solum insidiantem somno maritorum, verum etiam bonis otiosorum. Habes ubi ostentes tuam illam praeclaram patientiam famis, frigoris, inopiae rerum omnium, quibus te brevi tempore confectum esse senties.

[27] Tantum profeci, cum te a consulatu reppuli, ut exsul potius temptare quam consul vexare rem publicam posses, atque ut id, quod esset a te scelerate susceptum, latrocinium potius quam bellum nominaretur. Nunc, ut a me, patres conscripti, quandam prope iustam patriae querimoniam detester ac deprecer, percipite, quaeso, diligenter, quae dicam, et ea penitus animis vestris mentibusque mandate. Etenim, si mecum patria, quae mihi vita mea multo est carior, si cuncta Italia, si omnis res publica loquatur: „Marce Tulli, quid agis? Tune eum, quem esse hostem comperisti, quem ducem belli futurum vides, quem exspectari imperatorem in castris hostium sentis, auctorem sceleris, principem coniurationis, evocatorem servorum et civium perditorum, exire patiere, ut abs te non emissus ex urbe, sed immissus in urbem esse videatur? Nonne hunc in vincula duci, non ad mortem rapi, non summo supplicio mactari imperabis?

Gradus XVI

[28] Quid tandem te impedit? mosne maiorum? At persaepe etiam privati in hac re publica perniciosos cives morte multarunt. An leges, quae de civium Romanorum supplicio rogatae sunt? At numquam in hac urbe, qui a re publica defecerunt, civium iura tenuerunt. An invidiam posteritatis times? Praeclaram vero populo Romano refers gratiam, qui te, hominem per te cognitum, nulla commendatione maiorum tam mature ad summum imperium per omnes honorum gradus extulit, si propter invidiam aut alicuius periculi metum salutem civium tuorum neglegis.

[29] Sed, si quis est invidiae metus, non est vehementius severitatis ac fortitudinis invidia quam inertiae ac nequitiae pertimescenda. An, cum bello vastabitur Italia, vexabuntur urbes, tecta ardebunt, tum te non existimas invidiae incendio conflagraturum?" His ego sanctissimis rei publicae vocibus et eorum hominum, qui hoc idem sentiunt, mentibus pauca respondebo. Ego, si

hoc optimum factu iudicarem, patres conscripti, Catilinam morte multari, unius usuram horae gladiatori isti ad vivendum non dedissem. Etenim si summi viri et clarissimi cives Saturnini et Gracchorum et Flacci et superiorum complurium sanguine non modo se non contaminarunt, sed etiam honestarunt, certe verendum mihi non erat, ne quid hoc parricida civium interfecto invidiae mihi in posteritatem redundaret. Quodsi ea mihi maxime impenderet, tamen hoc animo fui semper, ut invidiam virtute partam gloriam, non invidiam putarem.

[30] Quamquam non nulli sunt in hoc ordine, qui aut ea, quae imminent, non videant aut ea, quae vident, dissimulent; qui spem Catilinae mollibus sententiis aluerunt coniurationemque nascentem non credendo corroboraverunt; quorum auctoritate multi non solum improbi, verum etiam imperiti, si in hunc animadvertissem, crudeliter et regie factum esse dicerent. Nunc intellego, si iste, quo intendit, in Manliana castra pervenerit, neminem tam stultum fore, qui non videat coniurationem esse factam, neminem tam improbum, qui non fateatur. Hoc autem uno interfecto intellego hanc rei publicae pestem paulisper reprimi, non in perpetuum comprimi posse. Quodsi se eiecerit secumque suos eduxerit et eodem ceteros undique collectos naufragos aggregarit, exstinguetur atque delebitur non modo haec tam adulta rei publicae pestis, verum etiam stirps ac semen malorum omnium.

[31] Etenim iam diu, patres conscripti, in his periculis coniurationis insidiisque versamur, sed nescio quo pacto omnium scelerum ac veteris furoris et audaciae maturitas in nostri consulatus tempus erupit. Nunc si ex tanto latrocinio iste unus tolletur, videbimur fortasse ad breve quoddam tempus cura et metu esse relevati, periculum autem residebit et erit inclusum penitus in venis atque in visceribus rei publicae. Ut saepe homines aegri morbo gravi, cum aestu febrique iactantur, si aquam gelidam biberunt, primo relevari videntur, deinde multo gravius vehementiusque afflictantur, sic hic morbus, qui est in re publica, relevatus istius poena vehementius reliquis vivis ingravescet.

[32] Quare secedant improbi, secernant se a bonis, unum in locum congregentur, muro denique, quod saepe iam dixi, secernantur a nobis; desinant insidiari domi suae consuli, circumstare

tribunal praetoris urbani, obsidere cum gladiis curiam, malleolos et faces ad inflammandam urbem comparare; sit denique inscriptum in fronte unius cuiusque, quid de re publica sentiat. Polliceor hoc vobis, patres conscripti, tantam in nobis consulibus fore diligentiam, tantam in vobis auctoritatem, tantam in equitibus Romanis virtutem, tantam in omnibus bonis consensionem, ut Catilinae profectione omnia patefacta, illustrata, oppressa, vindicata esse videatis.

[33] Hisce ominibus, Catilina, cum summa rei publicae salute, cum tua peste ac pernicie cumque eorum exitio, qui se tecum omni scelere parricidioque iunxerunt, proficiscere ad impium bellum ac nefarium. Tu, Iuppiter, qui isdem quibus haec urbs auspiciis a Romulo es constitutus, quem Statorem huius urbis atque imperii vere nominamus, hunc et huius socios a tuis ceterisque templis, a tectis urbis ac moenibus, a vita fortunisque civium omnium arcebis et homines bonorum inimicos, hostes patriae, latrones Italiae scelerum foedere inter se ac nefaria societate coniunctos aeternis suppliciis vivos mortuosque mactabis.

Gradus: Erläuterungen und Lösungen

Die angegebenen Übersetzungen sind Arbeitsfassungen, möglichst nah am Wortlaut, den Kenntnissen der Studierenden angepasst. Sie dienen der Selbstkontrolle, dürfen jedoch weder als einzig möglich noch als bestmöglich betrachtet werden. *Die Ziffern nennen die Seitenzahlen des Arbeitsbuchs.*

Gradus I

11: Unveränderlich
in, et

11: Markieren und Assoziieren

	Assoziation
	Assoziation
gaudia	Gaudi
floret	Flora, *span.* flores
sol	Solar-, *franz.* soleil, *span.* sol
tristia	Tristesse, *franz.* triste

11: Markierte Prädikate
liquescit, decrescit, fugit, sugit, vivit, lascivit

13: Formenbestimmung der finiten Verben
adiuvat = 3. P. Sg.; mutant = 3. P. Pl.; currunt = 3. P. Pl.; vincit = 3. P. Sg.; dat = 3. P. Sg.; porto = 1. P. Sg.; studet = 3. P. Sg.; terrent = 3. P. Pl.

13: Konjugationstabelle

	1. Person Singular	Konj.-Klasse	Infinitiv	Dt. Bedeutung
1	adiuvo	1	adiuvare	unterstützen
2.1	muto	1	mutare	ändern
2.2	curro	3	currere	laufen
3	vinco	3	vincere	siegen
4	do	1	dare	geben
5	porto	1	portare	tragen
6	studeo	2	studere	studieren
7	terreo	2	terrere	schrecken

19

13: Markierte 1. Person Singular (bekannte Endungen)
amo, requiris, nescio, sentio

13: Markierte 1. Person Singular (unbekannte Endungen)
odi, faciam, crucior

15: Übersetzung
1. Jakob hatte zwölf Söhne
2. Ein Mann ging von Jerusalem hinab nach Jericho
3. ...war klug wie ein Kind und dachte wie ein Kind...
4. Ich liebte noch nicht und liebte zu lieben

15: Unterstrichene Imperfekte
erant, descendebat, loquebar, sapiebam, cogitabam, amabam, quaerebam

15: Übersetzung
Und sie trauerte und litt und zitterte, während sie sah...

15: Übersetzung ins Lateinische
ihr steht = statis; du läufst = curris; sie liefen = currebant; es fällt = cadit; ich trieb = agebam; wir führten = ducebamus; ihr fielt = cadebatis; er freute sich = gaudebat; sie treiben = agunt; ihr führt = ducitis

17: Markierte Wörter
blau (Perfekt): dixit, vidit, divisit, appellavit; incidit, despoliaverunt, abierunt; fuit, donavit, appellaverunt; fecit; vidi, increpavit, dixit, vidisti
rot (Imperfekt): erat, erant, ferebatur; descendebat; amabant, placebat; diligebat

17: Zuordnung der Übersetzung zum Original
1. = d); 2. = b); 3. = c); 4. = a)

18: Markierte Verben und deren Form
fui = 1. P. Sg. Perf. Ind. Akt.; proposui = 1. P. Sg. Perf. Ind. Akt.; dedit = 3. P. Sg. Perf. Ind. Akt.; vidi = 1. P. Sg. Perf. Ind.

20

Akt.; fuerunt = 3. P. Pl. Perf. Ind. Akt.; agnovi = 1. P. Sg. Perf. Ind. Akt.; est = 3. P. Sg. Präs. Ind. Akt.

18: Liebe und Hass
Liebe – amor, amoris m.; Hass – odium, odii n.

Gradus II

21: Genera
mater = f.; angeli = m.; ver = n.; labores = m.; pratum = n.; manus = f.; mens = f.; fons = m.

21: Orts- und Stammesbezeichnungen (exemplarisch)
Belgae = a-Dekl., m. Pl.; Aquitani = o-Dekl., m. Pl.; Helvetii = o-Dekl., m. Pl.; Bituriges = kons. Dekl., m. Pl.; Gergovia = a-Dekl., f. Sg.; Ocelum = o-Dekl., n. Sg.

23: Deklination der Namen
Iuno: Iunonis, Iunoni, f., kons. Dekl.; Mars: Martis, Marti, m., kons. Dekl.; Neptunus: Neptuni, Neptuno, m., o-Dekl.; Venus: Veneris, Veneri, f., kons. Dekl.; Iuppiter: Iovis, Iovi, m., kons. Dekl.; Minerva: Minervae, Minervae, f., a-Dekl.; Caesar: Caesaris, Caesari, m., kons. Dekl.; Cicero: Ciceronis, Ciceroni, m., kons. Dekl.; Catilina: Catilinae, Catilinae, m., a-Dekl.; Sallustius: Sallustii, Sallustio, m., o-Dekl.; Cleopatra: Cleopatrae, Cleopatrae, f., a-Dekl.; Orgetorix: Orgetorigis, Orgetorigi, m., kons. Dekl.

25: Kasusendungen und deren Bestimmung
Deum = Akk. Sg. m., o-Dekl.; Patrem = Akk. Sg. m., kons. Dekl.; omnipotentem = Akk. Sg. m., kons. Dekl.; Creatorem = Akk. Sg. m., kons. Dekl.; caeli = Gen. Sg. n., o-Dekl.; terrae = Gen. Sg. f., a-Dekl.; Iesum = Akk. Sg. m, „griech. Dekl."; Christum = Akk. Sg. m., o-Dekl.; Filium = Akk. Sg. m., o-Dekl.; unicum = Akk. Sg. m., o-Dekl.; Dominum = Akk. Sg. m., o-Dkel.; nostrum = Akk. Sg. m., o-Dekl.; Spiritu = Abl. Sg. m., u-Dekl.; Sancto = Abl. Sg. m., o-Dekl.; Maria = Abl. Sg. f., a-Dekl.; Virgine = Abl. Sg. f., kons. Dekl.; Pontio = Abl. Sg. m.,

o-Dekl.; Pilato = Abl. Sg. m., o-Dekl.; crucifixus = Nom. Sg. m., o-Dekl.; inferos = Akk. Pl. m., o-Dekl.; tertia = Abl. Sg. f., a-Dekl.; die = Abl. Sg. f., e-Dekl.; mortuis = Abl. Pl. m., o-Dekl.; caelos = Akk. Pl. m., o-Dekl.; Spiritum = Akk. Sg. m., u-Dekl.; Sanctum = Akk. Sg. m., o-Dekl.; sanctam = Akk. Sg. f., a-Dekl.; ecclesiam = Akk. Sg. f., a-Dekl.; catholicam = Akk. Sg. f., a-Dekl.; Sanctorum = Gen. Pl. m., o-Dekl.; communionem = Akk. Sg. f., kons. Dekl.; remissionem = Akk. Sg. f., kons. Dekl.; peccatorum = Gen. Pl. n., o-Dekl.; carnis = Gen. Sg. f., kons. Dekl.; resurrectionem = Akk. Sg. f., kons. Dekl.; vitam = Akk. Sg. f., a-Dekl.; aeternam = Akk. Sg. f., a-Dekl.

25: Übersetzung
1 Es war ein Mann im Lande Uz, mit Namen Hiob.
2 Und jener Mann war einfach und aufrecht
3 und gottesfürchtig und sich fernhaltend vom Bösen.
4 Und geboren sind ihm 7 Söhne und 3 Töchter.
5 Und sein Besitz war groß und
6 seine Hausgenossenschaft zahlreich. Jener Mann war bedeutend
7 unter allen Orientalen.

25: Bestimmung der Substantive und Adjektive
vir = Nom. Sg. m., o-Dekl.; terra = Abl. Sg. f., a-Dekl.; nomine = Abl. Sg. n., kons. Dekl.; simplex = Nom. Sg. m., kons. Dekl.; rectus = Nom. Sg. m., o-Dekl.; Deum = Akk. Sg. m., o-Dekl.; malo= Abl. Sg. n., o-Dekl.; filii = Nom. Pl. m., o-Dekl.; filiae = Nom. Pl. f., a-Dekl.; possessio = Nom. Sg. f., kons. Dekl.; magna = Nom. Sg. f., a-Dekl.; familia = Nom. Sg. f., a-Dekl.; multa = Nom. Sg. f., a-Dekl.; magnus = Nom. Sg. m., o-Dekl.; Orientales = Akk. Pl. m., kons. Dekl.

27: Deklinierte Namen

Caesar	Augustus	Marcus	Asterix
Caesaris	Augusti	Marci	Asterigis
Caesari	Augusto	Marco	Asterigi
Caesarem	Augustum	Marcum	Asterigem
cum Caesare	cum Augusto	cum Marco	cum Asterige
o Caesar!	o Auguste!	o Marce!	o Asterix!

Valeria	Dido	Roma	Romani
Valeriae	Didonis	Romae	Romanorum
Valeriae	Didoni	Romae	Romanis
Valeriam	Didonem	Romam	Romanos
cum Valeria	cum Didone	cum Roma	cum Romanis
o Valeria!	o Dido!	o Roma!	o Romani!

27: *Übersetzung*
Ich bin das Licht der Welt.
Ich bin das Brot des Lebens.
Ich bin der Weg und die Wahrheit und das Leben.
Ich bin die Auferstehung und das Leben.
Ich bin das Tor.
Ich bin der gute Hirte.

Martas Antwort
Du bist Christus, der Sohn des lebenden Gottes,
der in diese Welt gekommen ist.

28: *Übersetzung*
1 Es war einmal ein kleines Mädchen,
2 das alle liebten,
3 aber die Großmutter hatte es am liebsten.
4 Einst schenkte die Großmutter dem Mädchen
5 ein rotes Käppchen,
6 mit dem geschmückt sie allen gefiel.
7 Daher nannten sie das Mädchen
8 Rotkäppchen.

28: *Formenbestimmung zu Rotkäppchen*
Nomen: parva = Nom. Sg. f., a-Dekl.; puella = Nom. Sg. f., a-Dekl.; cuncti = Nom. Pl. m., o-Dekl.; aviae = Dat. Sg. f., a-Dekl.; carissima = Nom. Sg. f., a-Dekl.; avia = Nom. Sg. f., a-Dekl.; puellae = Dat. Sg. f., a-Dekl.; cucullum = Akk. Sg. m., o-Dekl.; rubrum = Akk. Sg. m., o-Dekl.; ornata = Nom. Sg. f., a-Dekl.; cunctis = Dat. Pl. m., o-Dekl.; puellam = Akk. Sg. f., a-Dekl.
Verben: fuit = 3. P. Sg. Perf. Ind. Akt.; amabant = 3. P. Pl. Imperf. Ind. Akt.; erat = 3. P. Sg. Imperf. Ind. Akt.; donavit = 3. P. Sg. Perf. Ind. Akt.; placebat = 3. P. Sg. Imperf. Ind. Akt.; appellaverunt = 3. P. Pl. Perf. Ind. Akt.

28: Übersetzung

1 Der Esel liegt krank im Bett,
2 aber der Sohn ist bei dem kranken Vater.
3 Der Vater, weil er die Hinterlist des Wolfes fürchtet,
4 verbietet seinem Sohn, die Tür zu öffnen.
5 Eines Tages läuft der Wolf zur Hütte
6 und klopft an die Tür.
7 Der Sohn fragt an der Tür:
8 „Wer hat geklopft?" „Ein Freund", sagt der Wolf,
9 „ist da; wenn ein Freund da ist, musst du die Tür öffnen."
10 Dann öffnet der Sohn des Esels, obwohl er sich sehr fürchtet,
11 die Tür ein wenig und
12 sagt: „Obwohl ich die Stimme eines Freundes höre,
13 sehe ich das Gesicht eines Wolfes."
14 Und hält den Wolf vom Haus fern.

28: Formenbestimmung zu Esel und Wolf

Nomen: asinus = Nom. Sg. m., o-Dekl.; aegrotus = Nom. Sg. m., o-Dekl.; lecto = Abl. Sg. m., o-Dekl.; filius = Nom. Sg. m., o-Dekl.; patri = Dat. Sg. m., kons. Dekl.; aegroto = Dat. Sg. m., o-Dekl.; pater = Nom. Sg. m., kons. Dekl.; insidias = Akk. Pl. f., a-Dekl.; lupi = Gen. Sg. m., o-Dekl.; filium = Akk. Sg. m., o-Dekl.; portam = Akk. Sg. f., a-Dekl.; lupus = Nom. Sg. m., o-Dekl.; casam = Akk. Sg. f., a-Dekl.; amicus = Nom. Sg. m., o-Dekl.; asini = Gen. Sg. m., o-Dekl.; paulum = Akk. Sg. m., o-Dekl.; vocem = Akk. Sg. f., kons. Dekl.; amici = Gen Sg. m., o-Dekl.; faciem = Akk. Sg. f., e-Dekl.; lupum = Akk. Sg. m., o-Dekl.; casa = Abl. Sg. f., a-Dekl.

Verben: iacet = 3. P. Sg. Präs. Ind. Akt.; adest = 3. P. Sg. Präs. Ind. Akt.; timet = 3. P. Sg. Präs. Ind. Akt.; aperire = Inf. Präs. Akt.; vetat = 3. P. Sg. Präs. Ind. Akt.; accurrit = 3. P. Sg. Präs. Ind. Akt.; pulsat = 3. P. Sg. Präs. Ind. Akt.; quaerit = 3. P. Sg. Präs. Ind. Akt.; pulsavit = 3. P. Sg. Perf. Ind. Akt.; inquit = 3. P. Sg. Präs. Ind. Akt.; debes = 2. P. Sg. Präs. Ind. Akt.; timebat = 3. P. Sg. Imperf. Ind. Akt.; aperit = 3. P. Sg. Präs. Ind. Akt.; audio = 1. P. Sg. Präs. Ind. Akt.; video = 1. P. Sg. Präs. Ind. Akt.; arcet = 3. P. Sg. Präs. Ind. Akt.

31: Satzbilder

1.: □ ⌣ ○
2.: ↪ et ↪
3.: □ ⌣ ○
4.: □ △ ○ ○ ⌣
5.: □ ⌣ △ △
6.: □ ⌣ △
7.: ↪ △
8.: △ ⌣ □ ○ et ○

31: Markiertes Prädikatsnomen und Übersetzung
Deus erat verbum
Am Anfang war das Wort,
und das Wort war bei Gott,
und Gott war das Wort.
Dieses war am Anfang bei Gott.

31: Markierte Prädikate und Übersetzung
lucet; comprehenderunt; fuit; erat
Und das Licht leuchtet in der Dunkelheit
und die Dunkelheit
ergriff es nicht.
Es war ein Mensch von Gott gesandt,
der den Namen Johannes hatte. („ihm ist" = „er hat")

33: Markierte Subjekte
1: filii; 7: Iacob; 9: pater; 10: Ioseph; 15: Israel; 18: fratres

33: Rekonstruierte Kasūs
1: Iacob = Dat.; 4: Rachel = Gen.; 7: Iacob = Nom.; 10: Ioseph = Nom.; 15: Israel = Nom.; 15: Ioseph = Akk.

35: Mehrdeutige Endungen

	Kasus	Numerus	Genus	Dekl.-	Beispiel
i	Nom.	Pl.	m.	o-Dekl.	viri
a	Nom./Akk.	Pl.	n.	kons./ o-Dekl.	tempora verba
o	Abl.	Sg.	n.	o-Dekl.	odio
is	Gen.	Sg.	m./f./n.	kons. Dekl.	patris legis temporis
īs	Dat./Abl.	Pl.	f.	a-Dekl.	terris
um	Gen.	Pl.	m./f./n.	kons. Dekl.	militum matrum nominum
a	Nom./Abl.	Sg.	f.	a-Dekl.	femina
es	Nom./Akk.	Pl.	m./f.	kons. Dekl.	milites voces
um	(Nom.)/ Akk.	Sg.	m./n.	o-Dekl.	gladium caelum

37: Übersetzung
Seine Brüder antworteten: Willst du etwa unser König sein?
Oder sollen wir uns sogar deiner Herrschaft unterwerfen?

37: Fragewörter
1 = num; 2 = nonne; 3 = quare; 4 = ubi; 5 = quomodo; 6 = ad
quem; 7 = num; 8 = num; 9 = quis; 10 = num; 11 = ubi

38: Markierte adverbiale Bestimmungen
4: inter eos; 14: frustra; 16: per circuitum; 18: in terra; 19: paulu-
lum; 21: in faciem; 22: ergo, ecce; 23: in manu tua

38: Übersetzung
4 da war unter ihnen auch Satan.
5 Zu diesem sagte der Herr: „Woher kommst du?"
6 Und dieser antwortete und sprach: „Ich bereiste die Erde
7 und durchwanderte sie."
8 Und der Herr sprach zu ihm: „Hast du etwa
9 meinen Knecht Hiob betrachtet,

10 einen Mann einfach und aufrecht und gottesfürchtig
11 und sich fernhaltend vom Bösen?"
12 Und Satan antwortete diesem und sprach:
13 „Fürchtet Hiob Gott denn umsonst?
14 Hast du nicht ihn und sein Haus beschützt
15 und seinen ganzen Bestand ringsum,
16 hast du nicht die Werke seiner Hände gesegnet
17 und ist sein Besitz auf Erden nicht immer größer geworden?
18 Aber strecke deine Hand ein wenig aus
19 und nimm alles weg, was er besitzt.
20 Er wird dir ins Gesicht absagen."
21 Also sprach der Herr zu Satan: „Siehe da!
22 Alles, was er hat, ist in deiner Hand."

Gradus IV

41: Übersetzungen
Höre, sieh, schweige,
wenn du in Frieden leben willst.

Geh, Maus! Freue dich, Maus!
Lache, Maus! Und fürchte nichts, Maus!
Aber hüte dich vor den Käfigen, ...

Die Stimme des Arztes sagt: „Gib, gib!"
Aber der Kranke: „Ah, ah!"
Der eine fordert Geld,
der andere fordert Hilfe.

41: Übersetzung Gesang aus Taizé
Schenk Frieden, Herr, schenk Frieden, Christus,
Christus, Retter, Sohn Gottes, schenk uns Frieden!
Singt dem Herrn ein neues Lied!
Oh Jesus Christus, oh, auf dich vertraue ich.

41: Markierte Imperative und Personalpronomen
Imperative: da, dimitte, libera
Personalpronomen: nobis (2x Dat.), nos (1x Nom., 2x Akk.)

43: Die Konjunktive des Vaterunser, lateinisch und deutsch
sanctificetur = werde geheiligt; adveniat = komme (heran); fiat = geschehe; ne nos inducas in temptationem = du mögest uns nicht in Versuchung führen

43: Übersetzungen
Schon möge die Traurigkeit weichen.

Aber hüte dich vor den Käfigen, damit du nicht untergehst durch sie.

Gott sprach auch: Es werde Himmel inmitten des Wassers und er möge Wasser vom Wasser trennen.

43: Briefanfang (Cicero spricht in der 3. P. von sich selbst)
Marcus Cicero grüßt Publius Lentulus.
Marcus Cicero grüßt Gaius Curio.

43: Briefende
Wenn es dir gut geht, dann ist es gut.
Sorge (dafür), dass es dir gut geht!
Si vales gaudeo. Ego valeo. – Wenn es Dir gut geht, freue ich mich. Mir geht es gut.

43: Prädikate der ut-Sätze
ut amem; ut coniungam; ut vere dicam; ut incendam; ut accipiar; ut amer

45: Übersetzung der Lieder
Studentenlied:
1. Str.: Lasst uns also fröhlich sein, solange wir jung sind…
2. Str.: Die Traurigkeit soll zugrunde gehen, die Hasser sollen zugrunde gehen!
3. Str.: Alle Mädchen sollen (hoch)leben, die gefälligen und schönen!

Carmina Burana:
Lasst die Tätigkeiten ruhen – es ist so süß, ausgelassen zu sein – und lasst uns die Süße der zarten Jugend genießen!

45: Übersetzung der Heroides
PENELOPE AN ODYSSEUS
Deine Penelope schickt dir Trägem dies, Odysseus – dennoch
mögest du mir nichts zurückschreiben – komm selbst!
LAODAMIA AN PROTESILAUS
Wenn du Sorge um mich hast, habe Sorge um dich!
HERO AN LEANDER
Inzwischen, weil ja das Meer für einen Schwimmer unzugäng-
lich ist, soll mein Brief die verhasste (Warte)zeit lindern.
ACONTIUS AN CYDIPPE
Lies (durch)! So möge die Trägheit von diesem Körper da wei-
chen! Damit nicht ein zu langer Brief deinen kranken Körper
ermüdet und damit er beendet werde mit dem für ihn gewohnten
Schluss: Lebe wohl!

*45: Markierte Konjunktive / Imperative, Attribute und ihre Be-
ziehungswörter*
Konjunktive: rescribas, sit, leniat, discedat, lasset, clausa sit;
Imperative: veni, perlege, vale;
Attribute und ihre Beziehungswörter: tua Penelope, lento tibi,
cura mei, cura tui, invisas moras, littera mea, corpore isto, longi-
or epistula, infirmum corpus, consueto fine

*45: Vaterunser – 8 markierte Possessivpronomen und ihre Be-
stimmung*
noster = Nom. Sg. m.; tuum = Nom. Sg. n.; tuum = Nom. Sg. n.;
tua = Nom. Sg. f.; nostrum = Akk. Sg. m.; nostra = Akk. Pl. n.;
nostris = Dat. Pl. m.; tuum = Nom. Sg. n.

47: Pfeile und Verstoß
   Ioseph: „Vidi per somnium quasi solem et lunam et
 ↑ stellas undecim adorare me."
Increpavit eum pater suus et dixit:

     ┌──┐
   „Quid sibi vult hoc somnium, quod vidisti?"

Antwort: „suus" (im 2. Satz) ist an dieser Stelle nicht korrekt.
Das nichtreflexive Possesivpronomen „eius" wäre hier richtig.
47: Übersetzung

1 Und Gott sprach: „Lasst uns den Menschen machen
2 nach unserem Abbild und uns gleich;
3 und er soll befehligen über die Fische des Meeres und
4 über die Vögel des Himmels und über die wilden Tiere
5 und über die ganze Welt und über alles Kriechtier,
6 das sich auf der Erde bewegt!"
7 Und er schuf den Menschen
8 nach seinem Abbild;
9 nach dem Abbild Gottes schuf er jenen,
10 schuf sie als Mann und Frau.
11 Gott segnete jene und sprach: „Mehret euch
12 und vergrößert eure Anzahl und füllt die Erde
13 und unterwerft sie und herrscht
14 über die Fische des Meeres und über die Vögel des Himmels
15 und über alle Lebewesen,
16 die sich auf der Erde bewegen!"

47: Markierte Konjunktive und Pronomen
2 Konjunktive: faciamus = 1. P. Pl. Präs. Konj. Akt. → adhorta-
tiv; praesit = 3. P. Sg. Präs. Konj. Akt. → iussiv
6 Pronomen: nostram = Akk. Sg. f. → Possessivpronomen;
suam = Akk. Sg. f. → reflexives Possessivpronomen; illum =
Akk. Sg. m. → Demonstrativpronomen; eam = Akk. Sg. f. →
Personalpronomen

48: Imperative und Konjunktive
Imperative: adeste, venite, venite, videte, venite…;
Konjunktive: adoremus…, cantet, cantet, festinemus, sit

48: Übersetzung
1 Kommt, ihr Gläubigen,
2 fröhlich triumphierend!
3 Kommt, kommt nach Bethlehem!
4 Seht den Sohn,
5 den König der Engel!
Refrain: Kommt und lasst uns anbeten, kommt und lasst uns
anbeten, kommt und lasst uns anbeten, den Herrn!
6 Den Gott vom Gott,
7 das Licht vom Licht

8 gebar die Jungfrau als Mutter,
9 den wahren Gott,
10 gezeugt, nicht geschaffen.
Refrain
11 Es möge nun Hymnen singen
12 der Engelschor,
13 der Hof der Himmlischen möge nun erklingen:
14 Ehre, Ehre
15 (sei) Gott in der Höhe;
Refrain
16 Sieh da, nachdem sie die Herde zurückgelassen hatten,
17 demütig zur Wiege
18 die gerufenen Hirten eilen:
19 Lasst auch uns mit beschwingtem
20 Schritt eilen!
Refrain
21 Der du also geboren bist,
22 am heutigen Tag,
23 Jesus, Ehre sei dir!
24 Des ewigen Vaters
25 Wort, das zu Fleisch geworden!
Refrain

Gradus V

51: Markierte beiordnende Konjunktionen
et, et, igitur, vero, -que; 4.: et; 5.: et; 7.: -que; 8.: et; 9.: ad; 11.: -que;
12.: autem; 13.: ergo; 15.: et

51: Übersetzung
Sollen ich, deine Mutter und deine Brüder
dich etwa zur Erde geneigt anbeten?
Daher beneideten ihn seine Brüder;
der Vater aber betrachtete die Sache schweigend.
1 sagte Israel (= Jakob) zu Josef:
2 „Deine Brüder weiden Schafe in Sichem;
3 komm, ich werde dich zu ihnen schicken."
4 Er sprach zu ihm: „Gehe und sieh, ob alles wohlauf ist,

5 und berichte mir, was getan wird!"
6 Vom Tal von Hebron losgeschickt, kam er nach Sichem;
7 und ein Mann fand ihn, als er umherirrte im Feld,
8 und fragte ihn, was er suche.
9 Aber jener antwortete: „Meine Brüder suche ich;
10 zeige mir, wo sie die Herden weiden!"
11 Und der Mann sagte zu ihm: „Sie haben sich von diesem Ort
zurückgezogen;
12 ich hörte aber, dass sie sagten:
13 Lasst uns nach Dotain gehen!" Also brach
14 Josef auf hinter seinen Brüdern
15 und fand sie in Dotain.

53: Attribute – Übersetzung und Erklärung der Klammern
1: miser = unglücklich (KNG-Kongruenz zu Catullus); 2: miser = unglücklich (KNG-Kongruenz zu Catullus), superbam = stolz (KNG-Kongruenz zu Lesbiam); 3: miser = unglücklich (KNG-Kongruenz zu Catullus), magnae = groß (KNG-Kongruenz zu superbiae, beides zusammen ist Genitivattribut zu puellam: von großem Stolz, d.h. sehr stolz); 4: quae et pulchra et superba erat = die sowohl schön als auch stolz war (quae in NG-Kongruenz zu Lesbiam, K ist Nom. = Subjekt des Relativsatzes); 5: cuius superbia ubique cognita erat = deren Stolz überall bekannt war (cuius in NG-Kongruenz zu Lesbiam, K ist Gen. = possessiv); 6: quem omnes superbam appellabant = die alle als stolz bezeichneten (quem in NG-Kongruenz zu Lesbiam, K ist Akk. = Objekt des Relativsatzes)

53: Satzbilder

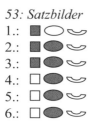

1.: ■○〰
2.: ■●〰
3.: ■●〰
4.: □●〰
5.: □●〰
6.: □●〰

53: Deklinationstabellen

Sg.	is	ea	id	qui	quae	quod
Gen.	eius	eius	eius	cuius	cuius	cuius
Dat.	ei	ei	ei	cui	cui	cui
Akk.	eum	eam	id	quem	quam	quod
Abl.	eo	ea	eo	quo	qua	quo
Pl.	ii (ei)	eae	ea	qui	quae	quae
Gen.	eorum	earum	eorum	quorum	quarum	quorum
Dat.	iis (eis)	iis (eis)	iis (eis)	quibus	quibus	quibus
Akk.	eos	eas	ea	quos	quas	quae
Abl.	iis (eis)	iis (eis)	iis (eis)	quibus	quibus	quibus

53: Korrespondierende Pronomen

1: ea, quae; 2: eam, quae; 3: eius, qui; 4: ii, qui; 5: ii, quorum; 6: eos (folgen wird im Lat. mit Akk. konstruiert), qui

55: Gliedsätze und deren Bestimmung

quam cuncti amabant = relativ; quo ornata cunctis placebat = relativ; quia mox post gaudia flebis = kausal; quod insidias lupi timet = kausal; si amicus adest = konditional; quamquam valde timebat = konzessiv; quamquam audio vocem amici = konzessiv; si vis vivere in pace = konditional; ne pereas per eas = final; dum iuvenes sumus = temporal; si tibi cura mei = konditional

55: Übersetzung

Wenn wir Gutes von der Hand Gottes angenommen haben, warum sollten wir dann nicht (auch) Schlechtes annehmen?

57: Übersetzung

1) Diese alle unterscheiden sich voneinander in Sprache, Sitten und Gesetzen.
2) Die Gallier trennt von den Aquitanern die Garonne, von den Belgern die Marne und die Seine.
3) Die Tapfersten sind die Belger, deswegen, weil sie von der Lebensweise und höheren Bildung der Provinz am weitesten

33

entfernt sind und weil sie den Germanen, die jenseits des Rheins wohnen, am nächsten (= Nachbarn) sind, mit denen sie ununterbrochen Krieg führen.

58: Caesar-Übersetzung
1) Der bei weitem angesehenste und reichste Mann bei den Helvetiern war Orgetorix.
2) Von Herrschsucht getrieben zettelte dieser im Konsulatsjahr des Marcus Messala und Marcus Piso eine Verschwörung des Adels an.
3) Und er überredete den Stamm, sein Gebiet mit all seiner Habe zu verlassen.

58: Satzbau und Übersetzung
GS 1   = cum vidissent eum procul
GS 2   = antequam accederet ad eos
HS   = qui... cogitaverunt illum occidere
Diese planten, nachdem sie ihn von fern gesehen hatten, ihn zu töten, bevor er sich ihnen nähern konnte.

Gradus VI

61: fehlende Attribute
rei publicae, diebus nefastis, meridiae calido, speciem terribilem, faciem tuam, senatui Romano, exercitum magnum, adventum praeclarum, casum quartum, gradus primos

61: Deklination „senatus populusque Romanus"
Nom.: senatus populusque Romanus; Gen.: senatus populique Romani; Dat.: senatui populoque Romano; Akk.: senatum populumque Romanum; Abl.: senatu populoque Romano

61: Vieldeutigkeiten
-us: genus (Deklinationsklasse = kons.), cornus (Genus = n), domus (Deklinationsklasse = u); -i: imperatori (Kasus = Dat.), manui (Kasus = Dat.), filii (Kasus = Gen. Sg./Nom. Pl., alle anderen Substantive dieser Reihe stehen im Dat. Sg.)

63: Klassifizierung und Bestimmung von Adjektiven
claro: Dat./Abl. Sg. m./n. der o-/a-Dekl. = 3-endig; **parva**: Nom./Abl. Sg. f. oder Nom./Akk. Pl. n. der o-/a-Dekl. = 3-endig; **celere**: Nom./Akk. Sg. n. der i-Dekl. = 3-endig; **velocibus**: Dat./Abl. Pl. m./f./n. der i-Dekl. = 1-endig; **altis**: Dat./Abl. Pl. m./f./n. der o-/a-Dekl. = 3-endig; **fortis**: Nom. Sg. m./f. oder Gen. Sg. m./f./n. der i-Dekl. = 2-endig; **fortia**: Nom./Akk. Pl. n. der i-Dekl. = 2-endig; **pulchras**: Akk. Pl. f. der o-/a-Dekl. = 3-endig; **mirabilia**: Nom./Akk. Pl. n. der i-Dekl. = 2-endig; **graves**: Nom./Akk. Pl. m./f. der i-Dekl. = 2-endig; **longos**: Akk. Pl. m. der o-/a-Dekl. = 3-endig; **leni**: Dat./Abl. Sg. m./f./n. der i-Dekl. = 2-endig; **plenae**: Gen./Dat. Sg. f. oder Nom. Pl. f. der o-/a-Dekl. = 3-endig; **misera**: Nom./Abl. Sg. f. oder Nom./Akk. Pl. n. der o-/a-Dekl. = 3-endig; **miserabili**: Dat./Abl. Sg. m./f./n. der i-Dekl. = 2-endig; **ingentia**: Nom./Akk. Pl. n. der i-Dekl. = 1-endig; **perpetuum**: Nom. Sg. n. oder Akk. Sg. m./n. der o-/a-Dekl. = 3-endig; **novi**: Gen. Sg. m./n. oder Nom. Pl. m. der o-/a-Dekl. = 3-endig; **veteris**: Gen. Sg. m./f./n. der kons. Dekl. = 1-endig; **vivus**: Nom. Sg. m. der o-/a-Dekl. = 3-endig; **vitalem**: Akk. Sg. m./f. der i-Dekl. = 2-endig; **laetorum**: Gen. Pl. m./n. der o-/a-Dekl. = 3-endig; **felicium**: Gen. Pl. m./f./n. der i-Dekl. = 1-endig; **simplex**: Nom. Sg. m./f./n. der i-Dekl. = 1-endig; **aeternum**: Nom. Sg. n. oder Akk. Sg. m./n. der o-/a-Dekl. = 3-endig

63: Übersetzung
Die Götter ruft die Mannschaft des Schiffes an,
denn es droht ein schlimmer Tod.
Durch die Härte des Schicksals geschieht es,
dass der Steuermann tapfer ist.

65: Unterstrichene Steigerungsformen
optimus; maximus; minimis; proximus; rubicundior; candidior; formosior; latissimo; altissimo; altissimo

65: Übersetzungen
Übung ist der beste Lehrer.

Am größten ist Gott im Kleinsten (= in den kleinen Dingen).

Dann steht deine Sache auf dem Spiel, wenn die nächste Wand entbrannt.

Komm, komm, du sollst kommen, damit du mich nicht sterben lässt… Schön ist dein Gesicht, der Glanz deiner Augen, das Geflecht deiner Haare, oh welch leuchtende Erscheinung! Roter als eine Rose, weißer als eine Lilie, hübscher als alle, ich bin immer stolz auf dich.

Orgetorix
Die Helvetier werden von allen Seiten durch die Beschaffenheit des Geländes eingegrenzt, auf der einen Seite durch den sehr breiten und tiefen Rhein, der das Gebiet der Helvetier von den Germanen trennt, auf der anderen Seite durch den sehr hohen Jura, der zwischen den Sequanern und den Helvetiern liegt, auf der dritten Seite durch den Genfer See und die Rhone, die unsere Provinz von den Helvetiern trennt.

67: Markierte Partizipien
Karfreitag: gementem, contristatam, dolentem;
Weihnachten: cubantem, amantem

67: Wörtliche Übersetzung
Karfreitag
Da stand die Mutter schmerzensreich,
beim Kreuz tränenreich,
während (dort) ihr Sohn hing;
deren Seele klagend,
betrübt und leidend
hat das Schwert durchbohrt.

Weihnachten
Den, der für uns hilflos (geworden ist)
und auf Stroh liegt,
lasst es uns wärmen mit frommen
Umarmungen!
So uns liebend,
wer würde wohl nicht die Liebe erwidern?
Kommt und lasst uns anbeten…

67: Stammformen

1. P. Präs.	1. P. Perf.	PPP	Infinitiv	Bedeutung
amo	amavi	amatus	amare	lieben
studeo	studui	- – -	studere	sich mühen
video	vidi	visum	videre	sehen
curro	cucurri	cursum	currere	laufen
vinco	vici	victum	vincere	siegen
do	dedi	datum	dare	geben
timeo	timui	- – -	timere	fürchten
sentio	sensi	sensum	sentire	fühlen
terreo	terrui	territum	terrere	erschrecken
ago	egi	actum	agere	treiben/tun
pello	pepuli	pulsum	pellere	stoßen
facio	feci	factum	facere	tun/machen
mitto	misi	missum	mittere	schicken

68: Übersetzung

1 Und sie redeten untereinander: Seht, der Träumer kommt.
2 Kommt und lasst uns ihn töten und
3 in eine Zisterne werfen
4 und wir werden sagen: Ein sehr böses, wildes Tier hat ihn verschlungen. –
5 Und dann wird sich zeigen, was ihm seine Träume nützen.
6 Als aber Ruben dies hörte,
7 bemühte er sich, ihn
8 aus ihren Händen zu retten, und sagte:
9 Lasst uns nicht seine Seele (= ihn) töten!
10 Und er sagte zu ihnen: Vergießt kein Blut,
11 sondern werft ihn in diese Zisterne,
12 die in der Einöde ist,
13 und belasst eure Hände unschuldig!
14 Er aber sagte dies, weil er ihn
15 ihren Händen entreißen und seinem Vater zurückgeben wollte.
16 Sogleich also,

17 als er (= Josef) zu seinen Brüdern kam,
18 entkleideten sie ihn von seinem bunten Gewand
19 und warfen ihn
20 in eine Zisterne, die kein Wasser hatte.
21 Und sie setzten sich, um Brot zu essen.
22 Als sie aber ihren Blick hoben, sahen sie
23 ismaelitische Reisende aus Gilead kommen
24 und deren Kamele, die
25 Tragacanthus, Mastix und Laudanus
26 nach Ägypten trugen.

Gradus VII

71: Bandwurm (vom Präsensstamm)

1.: 3. P., Impf., Pl., Konj., 2. P., Sg., Präs.
2.: Impf., Pl., Konj., Präs., 3. P., Ind.
3.: Konj., Impf., 3. P., Pl., Ind., Sg., Fut. I
4.: amo → amas → amatis → amabitis → amabunt → amabant
   → amarent → ament

71: Übersetzung

1 Als Paulus aber mitten auf dem Areshügel in Athen stand,
   sprach er:
2 Ihr Männer von Athen, ich sehe, dass ihr fast in allem
3 sehr fromm seid.
4 Als ich nämlich umherging und eure Bilder sah,
5 fand ich auch einen Altar, auf dem geschrieben stand:
6 DEM UNBEKANNTEN GOTT.
7 Was ihr also unwissend verehrt,
8 das verkündige ich euch.
9 Gott, der die Welt erschaffen hat und alles,
10 was in ihr ist,
11 weil dieser der Herr über Himmel und Erde ist,
12 wohnt nicht in Tempeln, die von Händen erbaut sind,
13 noch lässt er sich von Menschenhänden verehren,
14 als ob er irgendetwas nötig hätte, da er selbst allen
15 Leben und Atem und alles gibt.

73: Bandwurm (vom Perfektstamm)

1.: Plqpf., Pl., Konj., 3. P., Ind., Perf.
2.: 3. P., Plqpf., Konj., Pl., Perf., Ind., Sg.
3.: dedi → dedisti → dedistis → dederitis → dederint
→ dedissent → dedisset → dederat

73: Übersetzung

1 Also wurde Josef nach Ägypten geführt
2 und es kaufte ihn Potifar, der Kämmerer
3 des Pharao, der Anführer des Heeres, ein ägyptischer Mann,
4 von der Hand der Ismaeliter,
5 von denen er hergeführt worden war.
6 Und der Herr war mit ihm
7 und er war ein Mann, der in allem glücklich handelte,
8 und er wohnte im Haus seines Herrn,
9 der genau wusste, dass der Herr mit ihm war
10 und dass in allem, was er tat,
11 ihm von ihm in die Hand gelenkt wurde.
12 Und Josef fand Gnade vor seinem Herrn
13 und diente ihm. Von ihm über alle gesetzt,
14 leitete er das ihm anvertraute Haus
15 und alles, was ihm übergeben worden war.
16 Und der Herr segnete das Haus des Ägypters
17 wegen Josef und vermehrte
18 sowohl im Haus als auch auf den Feldern
19 dessen gesamten Besitz.

75: Bandwurm „mit allem"

laudo → laudor → laudamur → laudati sumus → laudati simus
→ laudati sint → laudatus sit → laudaverit → laudavit → lauda-
visti → laudaveris

75: Bandwurm selbst erstellt

      2. P.   Plqpf.   Konj.   Pl.   Pass.
duco → ducis → duxeras → duxisses → duxissetis → ducti
      3. P.
essetis → ducti essent

75: Formenbestimmung

conceptus est = 3. P. Sg. Perf. Ind. Pass.; clausa sit = 3. P. Sg. Perf. Konj. Pass.; factum est = 3. P. Sg. Perf. Ind. Pass.; ductus est = 3. P. Sg. Perf. Ind. Pass.; perductus erat = 3. P. Sg. Plqpf. Ind. Pass.

75: Übersetzung

1 Und dann, nach vielen Tagen, warf
2 die Herrin ihre Blicke auf Josef
3 und sprach: Schlafe mit mir!
4 Dieser aber, keineswegs geneigt zu dem bösen Werk,
5 sagte zu ihr: Siehe, nachdem mein Herr mir alles anvertraut hat,
6 weiß er nicht, was er in seinem Haus hat,
7 und es gibt nichts,
8 was nicht in meiner Macht ist
9 oder was er mir nicht anvertraut hätte.
10 Außer dir, die du seine Frau bist.
11 Wie könnte ich also diese üble Tat begehen
12 und sündigen gegen meinen Gott?
13 Mit Worten dieser Art
14 war die Frau dem jungen Mann täglich lästig
15 und jener sträubte sich gegen den Ehebruch.

77: Übersetzung der Deponentien und Formenbildung

S. 11: Sie rühmen sich und freuen sich / gloriati sunt et laetati sunt

S. 13: Aber ich fühle es geschehen und werde gequält / factum esse

S. 15: Ich sprach, als wäre ich klein / loquor

S. 18: Ich sprach in meinem Herzen / loquor

S. 47: Ihr werdet vermehrt / multiplicati estis

S. 68: Und sie redeten untereinander / loquuntur

S. 68: Ruben bemühte sich, ihn zu retten / nititur

77: Übersetzung

1 Es geschah aber, dass Josef eines Tages
2 ins Haus trat und
3 ohne Zeugen irgendeine Arbeit tat

4 und dass jene einen Zipfel seines Gewandes ergriff und
5 sagte: Schlafe mit mir!
6 Er aber ließ sein Gewand in ihrer Hand und
7 floh und ging hinaus nach draußen.
8 Und nachdem die Frau das Gewand in ihren Händen gesehen
hatte
9 und, dass sie verschmäht worden war,
10 rief sie die Leute ihres Hauses und sprach zu ihnen:
11 Seht, er hat den hebräischen Mann hineingebracht
12 auf dass er seinen Mutwillen mit uns treibe!
13 Er ist zu mir hereingekommen,
14 um sich mit mir zu vereinigen,
15 und nachdem ich geschrien
16 und er meine Stimme gehört hatte,
17 ließ er das Gewand zurück, das ich hielt,
18 und floh nach draußen.

78: Übersetzung
1) Hierdurch geschah es, dass sie (= die Helvetier) **sowohl** weniger weit umherstreifen **als auch** ihre Nachbarn weniger leicht angreifen konnten; von daher wurden diese nach Krieg begierigen Menschen mit großem Schmerz erfüllt.
2) Im Verhältnis aber zur großen Anzahl an Menschen (= Größe ihres Stammes) und zu ihrem Kriegsruhm und zum Ruhm ihrer Tapferkeit meinten sie, ein (zu) kleines Land zu haben;
3) dieses erstreckte sich in der Länge über 240, in der Breite über 180 römische Meilen.

Gradus VIII

81: Unterstrichene Subjekts-Akkusative und Infinitive
1.: A = solem/lunam/stellaris + I = adorare (Akt. + gleichzeitig)
2.: A = viatores + I = venire (Akt. + gleichzeitig)
3.: A = Deum + I = esse (Akt. + gleichzeitig)
4.: A = omnia + I = dirigi (Pass. + gleichzeitig)
5.: A = se + I = esse contemptam (Pass. + vorzeitig)

81: Bilden des A.c.I.
nuntiamus Romanos vicisse; nuntiamus nos parare

41

81: Übersetzung
1 Zum Beweis also zeigte sie
2 das zurückbehaltene Gewand
3 ihrem Mann, der nach Hause zurückkehrte,
4 und sprach: Der hebräische Sklave, den du herbeigebracht
hast, ist zu mir hereingekommen,
5 damit er seinen Mutwillen mit mir treibe.
6 Und als er gesehen hatte, dass ich schrie,
7 ließ er das Gewand zurück und floh nach draußen.
8 Nach dieser Rede
9 allzu gutgläubig gegenüber den Worten seiner Frau
10 war der Herr sehr erzürnt
11 und gab Josef ins Gefängnis,
12 wo die Gefangenen des Königs gefangen gehalten wurden,
und dort war er eingeschlossen.
13 Aber der Herr war mit Josef.

83: Unterstrichene Partizipien und ihre Beziehungswörter
genitum/factum (Beziehungswort = Deum); factum (Beziehungswort = verbum); errantem (Beziehungswort = eum); portantes
(Beziehungswort = camelos)

83: Übersetzung
1 Hierdurch veranlasst
2 und durch den Einfluss des Orgetorix bewegt,
3 beschlossen sie,
4 das, was zum Aufbruch nötig war,
5 vorzubereiten:
6 eine möglichst große Zahl an Zugtiere und Wagen zusammen-
zukaufen,
7 möglichst viel auszusäen,
8 um auf den Marsch einen ausreichenden Vorrat an Getreide
zu haben,
9 mit den benachbarten Stämmen Frieden und Freundschaft zu
festigen.
10 Um diese Dinge zu vollbringen,
11 glaubten sie, dass zwei Jahre für sie ausreichend seien;
12 für das dritte Jahr legten sie den Aufbruch durch ein Gesetz
fest.

85: Abl. Abs. mit Übersetzung

S. 75: omnibus mihi traditis → „nachdem mir alles anvertraut worden ist, weiß mein Herr nicht, was er hat"

S. 77: relicto in manu illius pallio → „Nachdem sein Gewand in ihrer Hand zurückgelassen worden war, floh Josef und ging hinaus."

85: Suchspiel

Rot: rege, fratribus, Caesare, exercitu, terrore, gradu;
Blau: capto, datis, expulsis, dato, expulsis;
Grün: lacrimantibus, dicente, imperante

85: Übersetzung

1 Nachdem dies so geschehen war, ereignete es sich,
2 dass der Mundschenk des Königs von Ägypten
3 und der Bäcker sich an ihrem Herrn versündigten.
4 Und der Pharao war erzürnt über seine beiden Kämmerer,
5 den Vorgesetzten der Mundschenke und den Vorgesetzten der Bäcker,
6 und er warf sie ins Gefängnis des Amtsvorstehers,
7 in dem auch Josef gefangen war.
8 Und der Amtsvorsteher übergab sie Josef,
9 der ihnen diente.
10 Eine kleine Weile wurden jene in Haft gehalten.
11 Sie sahen beide einen Traum
12 in einer Nacht mit je seiner eigenen Bedeutung.
13 Als Josef morgens zu ihnen hereingetreten war
14 und gesehen hatte, dass sie traurig waren,
15 fragte er sie und sprach:
16 Weshalb ist euer Gesicht heute trauriger als sonst?

87: P.C. / Abl. Abs.

P.C.: hac impulsi occasione; **Abl. Abs.**: quieta Gallia, indictis inter se…conciliis, his rebus agitatis, tum collaudatis Carnutibus, dato iure iurando, tempore eius rei constituto, signo dato

87: Übersetzung

1 Da Gallien ruhig war,
2 brach Caesar, wie er es beschlossen hatte,

3 nach Italien auf.
4 Dort erfuhr er vom Mord an Publius Clodius
5 und wurde über den Senatsbeschluss in Kenntnis gesetzt,
6 dass alle jungen Männer Italiens den Fahneneid leisten
   sollten,
7 und beabsichtigte, in der ganzen Provinz eine Aushebung
   vorzunehmen.
8 Durch diese Gelegenheit verleitet, begannen sie
   (= die Gallier),
9 die schon vorher
10 darüber, dass sie der Herrschaft des römischen Volkes unterworfen worden waren,
11 Schmerz empfanden,
12 ziemlich frei und kühn
13 Pläne für einen Krieg zu schmieden.
14 Nachdem sie untereinander Versammlungen
15 an waldigen und verborgenen Plätzen einberufen hatten,
16 beklagten die führenden Männer Galliens den Tod des Acco.
17 Nachdem diese Dinge verhandelt worden waren,
18 bekannten die Karnuten offen,
19 dass sie keine Gefahr
20 um der Rettung aller willen
21 scheuten.
22 Nachdem hierauf die Karnuten sehr gelobt worden waren,
23 ein eidliches Versprechen von allen, die zugegen waren,
   gegeben und
24 der Zeitpunkt dieser Sache vereinbart worden war,
25 ging man von der Versammlung.
26 Als dieser Tag gekommen war, liefen sie auf ein gegebenes
   Zeichen zusammen.

88: Übersetzung
1 Um diese Dinge durchzuführen,
2 wurde Orgetorix gewählt.
3 Dieser nahm die Gesandtschaft zu den Stämmen auf sich.
4 Auf dem Weg überredete er Casticus,
5 den Sohn des Catamantaloedes, einen Sequaner,
6 dessen Vater die Königsherrschaft über die Sequaner
7 viele Jahre lang inne gehabt hatte

8 und vom Senat des römischen Volkes
9 als „Freund" bezeichnet worden war,
10 er solle die Königsherrschaft über seinen Stamm an sich
   reißen,
11 die sein Vater zuvor gehabt hatte.
12 Ebenso überredete er den Häduer Dumnorix, den Bruder des
   Diviciacus,
13 der zu der Zeit die höchste Stelle im Stamm einnahm
14 und beim Volk äußerst beliebt war,
15 eben dasselbe zu versuchen,
16 (siehe Zeile 12)
17 und gab ihm seine Tochter zur Frau.
18 Er machte ihnen weis, dass es sehr leicht sei,
19 das Versuchte erfolgreich zu vollbringen,
20 weil er selbst die Herrschaft über seinen Stamm (seines
   Stammes)
21 erlangen werde:
22 Es bestehe kein Zweifel,
23 dass die Helvetier von ganz Gallien am mächtigsten seien.
24 Dass er ihnen mit seinen Truppen und seinem Heer
25 die Königswürde sichern werde, versicherte er.
26 Durch diese Rede veranlasst,
27 schworen sie sich gegenseitig Treue und leisteten einen Eid
28 und hofften, dass sie sich, wenn sie erst die Herrschaft
   an sich gerissen hätten,
29 durch die (als die) drei mächtigsten und stärksten Völker
30 ganz Gallien regieren könnten.

Gradus IX

91: Markierte Subjekte, Prädikate, Wortgruppen
Subjekte: Fama, Fama, aliud malum, Terra;
Prädikate: it, viget, adquirit, se attollit, ingreditur, condit;
Wortgruppen: magnas per urbes, in auras

93: Nachbarformen
poteram, ferebam, iretis, ferretis, potuerunt, ierunt, poteris, ibis

93: Velle + nolle – abwechselnd

Obere Reihe: volo, non vis, vult, nolumus, vultis, nolunt;
Untere Reihe: nolui, voluisti, noluit, voluimus, noluistis, voluerunt

93: Übersetzung

1 Sogleich wurde Josef auf Befehl des Königs
2 aus dem Gefängnis herausgeführt, sie rasierten ihn
3 und brachten ihn, nachdem er das Gewand gewechselt hatte,
    vor ihn (= den Pharao).
4 Jener sprach zu ihm: Ich habe einen Traum gesehen, und
    niemand ist da, der ihn deutet;
5 ich habe gehört, dass du diese sehr weise deutest.
6 Josef antwortete: Durch mich
7 wird Gott dem Pharao Nützliches antworten!
8 Also erzählte der Pharao, was er gesehen hatte:
9 Ich glaubte, dass ich am Ufer des Flusses (= des Nils) stand
10 und sieben Kühe aus dem Strom stiegen,
11 überaus schön und wohlgenährt,
12 die weideten am Flussufer.
13 Und siehe da, ihnen folgten weitere sieben Kühe
14 so sehr hässlich und mager,
15 wie ich niemals solche im Lande Ägypten gesehen habe;
16 diese zeigten, nachdem sie die ersten sieben verschlungen und
    aufgegessen hatten,
17 keinerlei Anzeichen von Sättigung,
18 sondern verharrten in der gleichen Magerkeit und Hässlichkeit.

95: Vorsilbe und Grundverb

Komposition	com +	ponere	zusammen-stellen
Konkurrenz	con +	currere	zusammen-laufen
Subskription	sub +	scribere	darunter-schreiben
Induktion	in +	ducere	hinein-führen
Interaktion	inter +	agere	untereinander-handeln
Konzert	con +	certare	zusammen-wetteifern
Emission	e(x) +	mittere	hinaus-schicken

Achtung: Wenn Sie keinen Infinitiv erkennen – denken Sie ans PPP.

Impuls	im +	pellere	Hinein-treffen
Impression	im +	premere	Hinein-drücken
Aversion	a(b) +	vertere	Ab-wenden
Aggression	ad +	gredi	Heran-schreiten
Kompassion	com +	pati	Zusammen-leiden

95: Übersetzung
1 Nach dessen Tod versuchten die Helvetier nichtsdestotrotz,
2 das, was sie beschlossen hatten,
3 zu tun,
4 (nämlich) ihr Land zu verlassen.
5 sobald sie nun glaubten, sie seien auf diese Sache vorbereitet, steckten sie
6 alle ihre Städte,
7 ungefähr zwölf an der Zahl, ungefähr vierzig Dörfer
8 und die übrigen einzelnen Gebäude
9 in Brand; das gesamte Getreide,
10 außer dem, was sie mit sich tragen wollten, verbrannten sie,
11 damit sie, ohne Hoffnung auf Heimkehr (= nachdem die Hoffnung auf Heimkehr beseitigt worden war),
12 bereiter seien, alle Gefahren
13 auf sich zu nehmen.

97: nd-Formen – Funktion und Übersetzung
1) **nd-Form**: ad omnia pericula subeunda;
Funktion: Gerundivum; **Übersetzung**: damit sie bereiter seien, alle Gefahren auf sich zu nehmen
2) **nd-Form**: orandum est;
Funktion: Gerundivum als Prädikatsnomen; **Übersetzung**: Es ist zu erbitten / man muss erbitten, dass ein gesunder Geist in einem gesunden Körper ist.
3) **nd-Formen**: est bibendum, pulsanda tellus est (muss ergänzt werden);
Funktion: Gerundivum als Prädikatsnomen; **Übersetzung**: Nun muss getrunken werden, nun muss die Erde durch den freien Fuß erbeben.

97: Markierte nd-Formen und anderes

nd-Formen: vivendi, dando, pendendi, fundendo, violando; **anderes**: dicentes = PPA, ovanti = PPA, continenter = Adverb, dato = PPP, iucundior = Adjektiv (der Komparativ), pendentes = PPA, fundo = Verb, mundi = Substantiv, fundi = Substantiv

97: Satzstruktur

1. GS; 2. HS; 3. GS; 4. HS; 5.1 GS; 5.2 GS; 6. GS; 7. GS; 8.1 GS; 8.2 HS; 9. GS; 10. GS

97: Übersetzung

1 Nachdem der Germanenkrieg beendet worden war,
2 beschloss Caesar aus vielen Gründen,
3 dass der Rhein überschritten werden müsse;
4 von diesen war jener am trifftigsten,
5 dass Caesar, als er sah,
6 dass die Germanen sich so leicht verleiten ließen,
7 in Gallien einzufallen,
8 wollte, dass auch sie um ihren Besitz fürchteten,
9 wenn sie einsehen müssten, dass das Heer des römischen Volkes sowohl im Stande sei als auch es wagen würde,
10 den Rhein zu überqueren.

98: Übersetzung

1 Es kam auch hinzu, dass ein Teil der Reiterei
2 der Usipeter und Tencterer,
3 von dem ich oben erwähnt habe, dass er,
4 um zu plündern und Getreide zu holen,
5 die Maas überquert und nicht an der Schlacht teilgenommen hatte,
6 sich nach der Flucht seiner Leute
7 über den Rhein
8 in das Gebiet der Sugambrer zurückgezogen
9 und sich mit ihnen verbündet hatte.
10 Als Caesar Boten zu diesen gesandt hatte
11 die fordern sollten, ihm
12 diejenigen, die ihn und Gallien angegriffen hätten,
13 zu übergeben,
14 antworteten sie:

15 Die Herrschaft des römischen Volkes begrenze der Rhein;
16 wenn er es nicht für recht und billig halte, dass
17 Germanen gegen seinen Willen nach Gallien hinübergingen,
18 (s. Zeile 16)
19 warum maße er sich dann an, jenseits
20 des Rheins Macht zu beanspruchen?
21 Die Ubier aber,
22 die als einzige von denen, die jenseits des Rheins leben, Gesandte zu Caesar geschickt,
23 Freundschaft geschlossen und Geiseln gegeben hatten,
24 baten dringend darum,
25 ihnen Hilfe zu bringen,
26 weil sie von den Sueben hart bedrängt würden.

Gradus X

101: P.C. unter Beachtung des Zeitverhältnisses
S. 14: Er war ein aufrechter Mann, der Gott fürchtete.
S. 15: Ich suchte, weil ich liebte zu lieben.
S. 48: Die Hirten eilen zur Wiege, weil sie gerufen worden sind.
S. 51: Ein Mann fand ihn, als er auf dem Feld umherirrte.
S. 71: Paulus aber sprach, als er mitten auf dem Areshügel in Athen stand...
S. 73: Weil er über alle gesetzt worden war, leitete er das Haus.
S. 81: Sie zeigte das Gewand ihrem Mann, der nach Hause zurückkehrte.
S. 83: Nachdem sie durch diese Dinge veranlasst worden waren, beschlossen die Helvetier...
Die stärksten Männer aus allen Städten Griechenlands kamen nach Olympia, um den König im Wettkampf zu besiegen.

101: PFA + esse
S. 88: Er machte ihnen weis, dass es sehr leicht sei,
        das Versuchte zu vollbringen,
        weil er selbst die Herrschaft über seinen Stamm
        erlangen werde.
S. 88: Dass er ihn mit seinen Truppen und seinem Heer

die Königswürde sichern werde, versichert er.

S. 95:   Das gesamte Getreide, außer dem,
         was sie mit sich tragen wollten, verbrannten sie.

101: Übersetzung

1 Sie (= die Helvetier) meinten, sie würden die Allobroger
  entweder überreden,
2 weil sie noch nicht wohlgesinnt
3 gegenüber dem römischen Volk schienen,
4 (siehe Zeile 1)
5 oder durch Gewalt zwingen,
6 zuzulassen, dass sie durch ihr Gebiet zögen.

103: Übersetzung

1 Aus diesem Grunde waren auch die Helvetier
2 den übrigen Galliern an Tapferkeit voraus,
3 weil sie in fast täglichen Kämpfen
4 mit den Germanen stritten,
5 immer wenn sie sie entweder von ihrem Gebiet fernhielten
6 oder selbst in deren Gebiet Krieg führten.

103: Bezug der Pronomen

suis (5), ipsi (6) → Bezug auf die Helvetier
eos (5), eorum (6) →Bezug auf die Germanen

103: Übersetzung „Der barmherzige Samariter"

1 Ein Mann ging von Jerusalem hinab
2 nach Jericho und fiel unter die Räuber,
3 die ihn beraubten
4 und, nachdem sie ihn geschlagen hatten, weggingen,
5 wobei sie ihn halb tot zurückließen. Es geschah aber,
6 dass ein Priester auf demselben Weg herabging;
7 und, nachdem er jenen gesehen hatte, ging er vorüber.
8 Desgleichen auch ein Levit.
9 Als er nahe an dem Ort war und ihn sah,
10 ging er vorbei. Ein Samariter aber,
11 der eine Reise machte, kam nahe an ihn;
12 und als er ihn sah, wurde er von Mitleid bewegt.
13 Und als er sich näherte, verband er dessen Wunden,

14 wobei er Öl und Wein daraufgoss;
15 und er lud jenen auf sein Zugtier,
16 brachte ihn in ein Wirtshaus und kümmerte sich um ihn.
17 Und am nächsten Tag zog er zwei Denare hervor
18 und gab sie dem Wirt und sprach:
19 Kümmere dich um ihn! Und was auch immer du zusätzlich brauchst,
20 werde ich dir dann geben, wenn ich zurück bin.

105: Konjunktive
Erfüllbar gedachte Wünsche
1. Bellum vincam!
2. Mea oratione adversariis persuaserim!
3. Socii fideles sint et
4. me adiuvent!
5. Satis amicorum Romae reliquerem, ne quis coniurationem contra me faceret!
6. Iovis mihi propitius sit!
Unerfüllbar gedachte Wünsche
7. Utinam modestior fuissem!
8. Utinam fratres mei dixissent …
9. Utinam fratres mei revenirent!
10. Utinam pater meus me servaret!
11. Utinam fugere possem!
12. Utinam numquam somniavissem!
Irreale Bedingungen
13. Si Ioseph iam adesset, eum servare possem.
14. Si fratribus restitissem, pater nunc non lacrimaret.
15. Si Ioseph reveniret, gauderem.
16. Si mercatores non venissent, Ioseph ex cisterna fugere potuisset.

Vermischte Übungen
17. Utinam gallina essem!
18. Me amet!
19. Bene evenerit!
20. Si lacrimae loqui possent.
21. Utinam aliquid dixisset!
22. Statim ad eam venissem!

107: Markierte Infinitive, Partizipien, nd-Formen
Infinitive: facere, conari, proficisci, rescindi, esse, facere, roga-
re, facere, occisum/pulsum/missum esse (muss ergänzt werden),
concedendum esse (muss ergänzt werden), temptaturos esse
(muss ergänzt werden); **Partizip**: data; **nd-Formen**: id concedendum esse, (facultate) itineris faciundi

107: Übersetzung
1 Nachdem Caesar gemeldet worden war,
2 dass sie durch unsere Provinz zu marschieren versuchten,
3 beeilte er sich, aus der Stadt (= Rom) aufzubrechen,
4 eilte in möglichst großen Tagesmärschen
5 ins jenseitige Gallien
6 und kam nach Genf.
7 Der ganzen Provinz legte er auf, eine möglichst große
8 Zahl an Soldaten zu stellen
9 (es gab im jenseitigen Gallien überhaupt nur eine Legion);
10 die Brücke, die sich bei Genf befand,
11 ließ er abreißen. Sobald die Helvetier von dessen Ankunft
12 erfuhren,
13 schickten sie Gesandte, die angesehensten Männer des Stammes, zu ihm,
14 die ihm sagen sollten, dass sie die Absicht hätten,
15 ohne jegliche Feindseligkeit durch die Provinz zu ziehen,
16 weil sie keinen anderen Weg hätten:
17 Sie bäten darum, dass es ihnen erlaubt sei, dies mit seiner Ein-
willigung zu tun.
18 Caesar glaubte, dass dem nicht zugestimmt werden dürfe,
weil er noch in Erinnerung hatte,
19 dass der Konsul Lucius Cassius getötet
20 und sein Heer von den Helvetiern geschlagen
21 und unterworfen worden war
22 (siehe Zeile 18);
23 und er glaubte nicht, dass die Männer,
24 nachdem man ihnen die Möglichkeit gegeben hätte, durch die
Provinz zu ziehen,
25 von Unrecht und Verbrechen absehen würden, da sie feind-
selig waren
26 (siehe Zeile 23).

52

108: Markierte Konjunktive, Indikativ Plusquamperfekt, Infinitive, nd-Form

4 Konjunktive: posset, convenirent, vellent, reverterentur; **1 Indikativ Plusquamperfekt**: imperaverat; **2 Infinitive**: intercedere, sumpturum esse (muss ergänzt werden); **1 nd**-Form: ad deliberandum

108: Übersetzung

27 Dennoch, um Zeit zu gewinnen (einen Zeitraum einschieben zu können),

28 bis die Soldaten, die er aufgetragen hatte zu stellen, zusammenkämen,

29 antwortete er den Gesandten:

30 Er werde einen Zeitraum zum Nachdenken festsetzen;

31 wenn sie etwas wollten, könnten sie am 13. April wiederkommen.

108: Übersetzung

1 Josef ist nach Ägypten zurückgekehrt

2 mit seinen Brüdern und allem Gefolge,

3 nachdem der Vater begraben worden war.

4 Nach dessen Tod

5 fürchteten sich seine Brüder

6 und sprachen untereinander:

7 Wenn er doch bloß nicht das Unrecht im Gedächtnis behält,

8 das er erlitten hat,

9 und uns all das Übel heimzahlt, das wir begangen haben!

10 Sie richteten ihm aus: Dein Vater hat uns aufgetragen,

11 bevor er starb,

12 dir dies mit seinen Worten zu sagen:

13 Ich flehe dich an, das Verbrechen deiner Brüder zu vergessen

14 und ihre Sünde und Boshaftigkeit, die sie gegen dich verübt haben!

15 Auch wir bitten dich, den Dienern des Gottes deines Vaters

16 dieses Unrecht zu verzeihen (durchgehen zu lassen).

17 Als Josef dies gehört hatte, weinte er.

Und Josef sagte zum Schluss:

Ihr habt Böses ersonnen in Bezug auf mich,

aber Gott hat es in Gutes umgewandelt.

Gradus XI

114: Übersetzung
Denn seitdem der Staat
unter das Recht und die Herrschaft einiger weniger Mächtiger
geraten ist,
sind alle Übrigen – entschlossen, tüchtig, adlig und nicht adlig –
Masse gewesen
ohne Ansehen, ohne Einfluss, jenen preisgegeben, denen wir,
wenn der Staat noch etwas gelten würde, ein Schrecken wären.

114: Übersetzung
Lucius Catilina, von vornehmer Herkunft,
war von großer Kraft sowohl des Geistes als auch des Körpers,
aber von schlechtem und verworfenem Charakter.
Diesem waren von Jugend an
innere Kriege, Mord, Raub, Zwietracht unter Bürgern
willkommen.

114: Wortfeld

res publica	Staat	Gemeinwesen, regiert durch Volksversammlung, Senat und Magistraten
senatus	Senat	der Rat der Ältesten, oberste Regierungsbehörde in Rom
consul	Konsul	oberster Beamter im Staat, der immer mit einem Kollegen regiert
praetor	Prätor	Beamter, zuständig für Rechtsprechung und millitärische Aufgaben
patres conscripti	versammelte Väter	Senatoren, patrizische und plebejische Mitglieder des Senats
senatus consultum	Senatsbeschluss	Beschluss der Senatoren

115: Übersetzung
1 Die Stadt Rom, so habe ich es vernommen,
2 gründeten und beherrschten anfangs
3 die Trojaner, die unter der Führung des Aeneas als Flüchtlinge
4 ohne feste Wohnsitze umherstreiften,
5 und mit diesen die Aboriginer, eine bäuerische Art von Menschen,
6 ohne Gesetze, ohne Herrschaft, frei und ungebunden.
7 Nachdem diese in einer Stadtmauer zusammengekommen waren,
8 von ungleicher Herkunft und unterschiedlicher Sprache,
9 der eine auf die eine, der andere auf die andere Weise lebend,
10 ist es unglaublich zu berichten, wie leicht sie verschmolzen.
11 Doch nachdem ihr Staat
12 sehr glücklich und sehr mächtig schien,
13 entstand Neid aus Reichtum.
14 Daher bedrohten die benachbarten Könige und Völker ihn
15 mit Krieg, wenige von den Freunden kamen zu Hilfe.
16 Denn die Übrigen blieben durch Angst erschüttert fern von den Gefahren.
17 Aber die Römer waren im Krieg und im Frieden bereit, sich zu sputen,
18 Vorkehrungen zu treffen, sich gegenseitig zu ermuntern, den Feinden entgegenzutreten,
19 die Freiheit, das Vaterland und die Eltern mit Waffen zu schützen.
20 Später, als sie die Gefahren durch Tapferkeit abgewehrt hatten,
21 brachten sie Verbündeten und Freunden Hilfe
22 und verschafften sich eher durch Erweisen als durch Empfangen von Gefälligkeiten
23 Freundschaftsbündnisse.
24 Sie hatten eine rechtmäßige Regierung, der Name dieser Regierung war der Königstitel.
25 Ausgewählte (Männer), durch ihre Jahre war der Körper schwach,
26 der Geist durch Klugheit stark,
27 trugen Sorge für den Staat.
28 Diese wurden entweder aufgrund ihres Alters oder aufgrund der Ähnlichkeit ihrer Fürsorge
29 Väter genannt.

117: Kurzformen

gaudere = Infinitiv; habuere = Kurzform; venere = Kurzform; cepere = Kurzform; cupere = Infinitiv; fuere = Kurzform; deesse = Infinitiv; egere = Kurzform; legere = Infinitiv; utere = Kurzform

117: 3. Konjugation

3. = kons. Konjugation	3. Konjugation „mit i"	4. = i-Konjugation
mitto, mittere	capio, capere	audio, audire
ago, agere	cupio, cupere	potior, potiri
vinco, vincere	iacio, iacere	vincio, vincire
curro, currere	facio, facere	venio, venire
pello, pellere	patior, pati	servio, servire
gero, gerere		punio, punire
contemno, contemnere		sentio, sentire
		munio, munire

117: Übersetzung

1 Später, sobald die Königsherrschaft, die anfangs
2 zum Schutz der Freiheit und
3 Vergrößerung des Staates gedient hatte,
4 sich in Hochmut und Tyrannei verwandelte,
5 änderten sie ihre Gewohnheit und erschufen für sich auf ein Jahr beschränkte Regierungen und je zwei Herrscher.
6 Auf diese Weise könne der menschliche Geist am wenigsten, so glaubten sie,
7 durch Macht übermütig werden.
8 Doch zu jener Zeit begann
9 jeder Einzelne sich mehr herauszuheben
10 und sein Talent offener zu zeigen.

119: Genitive

S. 11: Nun zieht sich des Winters Wildheit zurück. (possessivus)

S. 17: Der Geist Gottes bewegte sich über den Wassern. (possessivus)

S. 25: Ich glaube an den Schöpfer des Himmels und der Erde. (possessivus)

S. 27: Ich bin das Licht der Welt. (possessivus)

S. 28: Er fürchtet die Hinterlist des Wolfes. (possessivus)

S. 48: Seht den Sohn, den König der Engel! (possessivus)

S. 53: Catull liebt ein Mädchen von großem Stolz. (qualitatis)

S. 78: Im Verhältnis zu ihrem Kriegsruhm meinten sie, ein (zu) kleines Land zu haben. (possessivus)

S. 83: Um auf dem Marsch einen ausreichenden Vorrat an Getreide zu haben,… (partitivus)

S. 83: Er kaufte eine möglichst große Zahl an Zugtieren zusammen. (partitivus)

S. 85: Eine kleine Weile wurden jene in Haft gehalten. (partitivus)

S. 88: Dass die Helvetier von ganz Gallien am mächtigsten seien, … (partitivus)

S. 93: Sie zeigten keinerlei Anzeichen von Sättigung. (partitivus)

S. 98: Es kam auch hinzu, dass ein Teil der Reiterei die Maas überquert hatte. (partitivus)

S. 98: Warum maße er sich an, irgendetwas an Macht … zu beanspruchen. (partitivus)

119: Bedeutung der Pronomen

Josef

1 Dein Vater hat uns aufgetragen,
2 dir dies mit seinen Worten zu sagen.

haec = Demonstrativpronomen; illius = Demonstrativpronomen in der Funktion eines Possessivpronomens

Sallusts Jugurtha

1 Vergleicht nun, römische Bürger,
2 mich, den Neuling, mit dem Hochmut jener!
3 Was jene zu hören oder zu lesen pflegen,
4 davon habe ich einen Teil gesehen, anderes habe ich selbst getan.

5 Was jene durch Schriften, das habe ich durch Kriegsdienst gelernt.

6 Nun urteilt, ob Taten oder Worte mehr zählen.

me = Personalpronomen; ego, ego = Personalpronomen

121: Grafiken

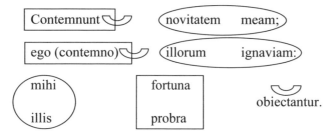

Sie verachten meine Neuheit, ich (verachte) ihre Trägheit: Mir werden meine Verhältnisse, jenen wird schändliches Handeln vorgeworfen.

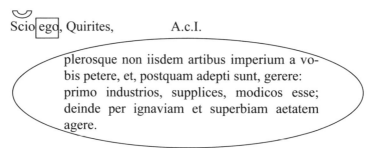

Ich weiß, römische Bürger, dass die meisten nicht mit ebendenselben Eigenschaften einen Oberbefehl von euch erbitten und, nachdem sie ihn erlangt haben, ausüben: Zunächst sind sie fleißig, bittend, maßvoll; dann verbringen sie ihr Leben in Trägheit und Hochmut.

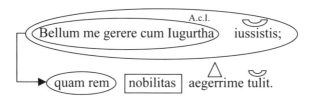

58

Ihr habt mir befohlen, den Krieg gegen Jugurtha zu führen, was der Adel sehr schwer ertrug.

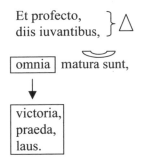

Et profecto,
diis iuvantibus,

omnia matura sunt,

victoria,
praeda,
laus.

Und in der Tat, mit Hilfe der Götter ist alles reif: Sieg, Beute, Ruhm.

122: Aufgaben zu § 1
Es gibt Wort-, Satz- und Doppelfragen, die entweder direkt gestellt werden (deswegen nennt man sie auch unabhängige Fragen) oder indirekt, d.h. dass sie von einem einleitenden Satz abhängen (deswegen auch als abhängige Fragen bezeichnet). Wortfragen werden durch ein Fragepronomen (quis? quid?) oder Frageadverb (ubi? quando? cur? etc.) eingeleitet. Satzfragen werden durch Fragepartikeln (-ne, num, nonne, an) eingeleitet. Doppelfragen (ob...oder...?) sind eine Untergruppe der Satzfragen und werden meistens eingeleitet mit utrum oder ne, gefolgt von an. In direkten Fragen steht der Indikativ. Ausnahme: das überlegende Fragen (quid faciam? – was soll ich tun?). In indirekten Fragen steht ausnahmslos der Konjunktiv.
Wirkung der Fragen: Die schnelle und ununterbrochene Abfolge der Fragen, gewissermaßen ein Feuerwerk der Fragen, sorgt für Atemlosigkeit und Spannung. Die Zuhörer und insbesondere der eigentlich Befragte, Catilina, werden auf diese Weise sehr eindringlich und offensiv mit dem Thema der Rede Ciceros konfrontiert. Da Cicero die Antworten auf seine Fragen bereits kennt, sind es zudem keine echten Fragen, sondern eine geschickte Art und Weise, in kurzer und knapper Form alle seine Anschuldigungen gegen Catilina vorzubringen und Eigenstärke zu demonstrieren. Die negierten Verben „nihil moverunt", „non sentis", „non video" lassen Ciceros Zweifel daran erkennen, dass

Catilina ein einsichtiger Mensch ist. Damit geben sie den willkommenen Anlass und beweisen die dringende Notwendigkeit, die Sachverhalte im Folgenden ausführlich darzustellen.

122: Aufgaben zu § 2

Vor „nos autem" finden sich kurze, prägnante Sätze. Danach werden die Sätze länger und damit der Satzbau komplizierter. Das „autem" ist der gedankliche Wendepunkt dieses Paragraphen. Es stellt das höchst verbrecherische Handeln und sinnlose Wüten Catilinas einerseits, ausgedrückt durch „ad caedem", dem überlegten und durch Gesetze legitimierten Handeln des Senats andererseits, dargestellt durch „ad mortem", einander gegenüber. Ciceros Stimmung geht von großer Emotionalität und Empörung über zu einer sehr resignierten Haltung angesichts der Passivität des Senats.

122: Aufgaben zu § 3

Die von Cicero angeführten Präzidenzfälle sollen als Beweis dafür dienen, dass es legitim ist, Catilina mit dem Tode zu bestrafen, da doch in der Vergangenheit Männer, die harmlosere Verbrechen begangen haben, sogar auf Initiative Einzelner getötet wurden. Daher der doppelte Rückschluss: 1. Catilina hat weitaus mehr Schuld auf sich geladen und 2. wir, der Senat, haben einen rechtmäßigen Beschluss gegen ihn.

Sein hohes Ansehen und seine Stellung als Pontifex maximus geben Publius Scipio eine moralische Legitimation, die in Ciceros Augen, diesen Eindruck erweckt er zumindest, gewichtiger ist als die staatliche. Was nützen Gesetze und Regelwerk, wenn die Moral des Einzelnen versagt?

„praetereo" = „ich lasse unerwähnt" ist eine sehr geschickte Art, genau das zu sagen, was man angeblich gar nicht zu sagen beabsichtigt.

122: Aufgaben zu § 4

„videant consules, ne…" ist die sogenannte Notstandsformel, Ausdruck des „senatus consultum ultimum", den Notstandbeschluss. Mit ihm verleiht der Senat den beiden amtierenden Konsuln die Macht, notfalls mit Gewalt gegen Staatsfeinde vorzugehen.

Mit dem dritten und vierten Beispiel will Cicero zeigen, dass in der Vergangenheit nicht lange gezögert wurde, Senatsbeschlüsse umzusetzen. War die Vollmacht erst einmal erteilt, wurde auch umgehend gehandelt. Damit dokumentiert Cicero seinen Ärger über die Zögerlichkeit des Senats.

Mit „O tempora, o mores!" beklagt Cicero zunächste den Verlust der „guten alten Zeiten", in denen Gut und Böse, bzw. der Gemeinschaft dienlich oder schädlich, klar unterschieden und das als schädlich erkannte rigoros verfolgt und geahndet wurde. Dagegen stellt er für seine Zeit fest: Die alten Regeln und Gesetze gelten noch. Aber es fehlt an der Amtsautotität bzw. an der Courage des Einzelnen, sie durchzusetzen.

Gradus XII

124: Übersetzung

1 Habe ich mich etwa geirrt, Catilina,
2 nicht nur, was den bedeutenden,
3 so schrecklichen und so unglaublichen Sachverhalt angeht,
4 sondern, was noch viel mehr zu bewundern ist,
5 bezüglich des Tages?

124: Wortfelder

Angriff/Krieg: castra – Lager, caedes – Mord, hostis – Feind, incendium – Brand(stiftung), audacia – Dreistigkeit, molior – aufbrechen, nefarius – ruchlos, crudelis – grausam;
Verteidigung: praesidium – Schutz, consilium – Plan, diligentia – Achtsamkeit, vigiliae – Wache halten, defendo – verteidigen, custodio – bewachen, reprimo – zurückdrängen, firmus – stark

125: Übersetzung

1 Nachdem diese Dinge vorbereitet worden waren,
2 bewarb sich Catilina nichtsdestotrotz für das nächste Jahr
3 um das Konsulat, weil er hoffte,
4 wenn er ernannt werde,
5 werde er Antonius leicht nach Belieben lenken.
6 Aber in der Zwischenzeit war er nicht untätig,
7 sondern stellte Cicero auf jede Art und Weise Fallen.

8 Aber jenem fehlten dennoch nicht
9 List oder Schlauheit, sich vorzusehen.
10 Denn von Anbeginn seines Konsulats
11 hatte er durch große Versprechungen mit Hilfe von Fulvia erreicht,
12 dass Quintus Curius, von dem ich kurz zuvor gesprochen habe,
13 ihm Catilinas Pläne verriet;
14 außerdem hatte er seinen Kollegen Antonius
15 durch Zusage einer Provinz dazu gebracht,
16 sich nicht gegen den Staat zu stellen;
17 um sich herum hatte er heimliche Schutztruppen aus Freunden und Klienten.
18 (s. Zeile 17)
19 Nachdem der Tag der Abstimmung gekommen war,
20 und weder Catilinas Bewerbung noch seine Fallen,
21 die er den Konsuln auf dem Marsfeld gestellt hatte,
22 erfolgreich vonstatten gegangen waren,
23 beschloss er, Krieg anzustiften
24 und das Äußerste, einfach alles zu wagen,
25 weil das, was er heimlilch versucht hatte,
26 hart und grauenhaft ausgegangen war.

127: Fett gedruckte Wörter
agitanti = PPA, P.C.; questus = PPP, P.C.; praemisisse = Inf. Perf. Akt. (Inf. der Vorzeitigkeit), A.c.I.; ad capiunda arma = Gerundivum, prädikativ; facerent = Konj. Impf., gleichzeitig zu „docet"; proficisci = Inf. Präs. Pass. (Inf. der Gleichzeitigkcit), der von „cupere" abhängt; cupere = Inf. Präs. Akt. (Inf. der Gleichzeitigkeit), A.c.I.; oppressisset = Konj. Plqpf., nachzeitig zu „docet"; officere = Inf. Präs. Akt. (Inf. der Geleichzeitigkeit), A.c.I.; perterritis = PPP, Abl. Abs.; dubitantibus = PPA, Abl. Abs.; pollicitus = PPP, P.C.; introire = Inf. Präs. Akt. (Inf. der Gleichzeitigkeit), der von „constituēre" abhängt; confodere = Inf. Präs. Akt. (Inf. der Gleichzeitigkeit), der von „constituēre" abhängt; prohibiti = PPP, P.C.

127: Übersetzung

1 Schließlich, als nichts vorwärts ging für ihn, obwohl er viel tat,
2 rief er erneut in tiefer Nacht
3 die Anführer der Verschwörung zusammen
4 durch Marcus Porcius Laeca
5 und, nachdem er sich dort viel über ihre Trägheit beklagt hatte,
6 berichtete er, er habe Manlius zu der Menge vorausgeschickt,
7 die er darauf vorbereitet hatte, die Waffen zu ergreifen,
8 desgleichen andere an andere geeignete Plätze,
9 die den Krieg beginnen sollten,
10 und er wünsche, zum Heer aufzubrechen,
11 wenn er zuvor Cicero überwältigt habe:
12 Der sei seinen Plänen sehr hinderlich.
13 Während die Übrigen völlig eingeschüchtert waren und zauderten,
14 beschlossen also der römische Ritter Gaius Cornelius, nachdem er seine Hilfe versprochen hatte,
15 und mit ihm der Senator Lucius Vargunteius,
16 wenig später in dieser Nacht
17 mit bewaffneten Männern wie zur Begrüßung
18 bei Cicero einzutreten
19 und den Wehrlosen unversehens in seinem Haus niederzustechen.
20 Als Curius merkte,
21 welch große Gefahr dem Konsul drohte,
22 meldete er mit Hilfe von Fulvia Cicero eilends die Hinterlist,
23 die vorbereitet wurde.
24 So waren jene von der Tür ferngehalten worden
25 und hatten darum ein so schreckliches Verbrechen vergeblich auf sich genommen.

131: Übersetzung

1 Inzwischen wiegelte Manlius in Etrurien das Volk auf,
2 das gleichermaßen aus Armut wie auch aus Schmerz über Unrecht auf Umsturz begierig war,
3 weil es unter der Gewaltherrschaft Sullas seine Felder
4 und alle seine Güter verloren hatte,
5 außerdem Räuber jeder Art,

6 von denen es in dieserGegend eine große Menge gab,

7 einige aus Sullas Kolonien,

8 denen Ausschweifung und Genusssucht

9 nichts aus ihren großen Raubzügen übrig gelassen hatten.

10 Als Cicero dies gemeldet wurde,

11 war er durch zweifaches Unheil beunruhigt,

12 weil er weder die Stadt vor Anschlägen

13 durch eigene Initiative länger schützen konnte

14 noch wusste er genau genug, wie groß das Heer des Manlius
ist oder mit welcher Absicht es da ist,

15 (s. Zeile 14)

16 und brachte die Sache vor den Senat,

17 nachdem sie zuvor schon im Gerede der Menge eifrig erörtert
worden war.

18 Und so beschloss der Senat, was er meistens in schrecklicher
Lage zu tun pflegt,

19 die Konsuln mögen sich bemühen,

20 dass der Staat keinen Schaden nehme.

21 Diese Macht wird nach römischem Brauch durch den Senat

22 einem Beamten als größte anvertraut:

23 ein Heer zu rüsten, Krieg zu führen,

24 Bundesgenossen und Bürger auf jede Art und Weise zu ver-
pflichten,

25 im Krieg und im Frieden den Oberbefehl

26 und das höchste Richteramt zu haben;

27 sonst hat der Konsul ohne Befehl des Volkes

28 auf diese Dinge kein Recht.

132: Aufgaben zu § 5

„castra" – „Lager" oder „Kriegslager" verstärkt den Eindruck
einer akuten Bedrohung durch Gewalt, so als würde man sich
fast schon im Kriegszustand befinden. „crescit" verdeutlicht,
dass mit der zahlenmäßigen Zunahme der Feinde eben diese
Bedrohung ständig größer wird, weshalb größte Eile bei der
Ergreifung von Gegenmaßnahmen geboten ist. Der enorme Zeit-
druck, unter dem gehandelt werden muss, wird durch die Wörter
„in dies singulos" und „cotidie" dokumentiert. Mit „intra moenia", „in senatu" und „intestinam perniciem" will Cicero darlegen, dass die Bedrohung nicht allein von außen kommt, sondern

sich in der Person Catilinas in der Stadt und sogar im Senat befindet. Die Bedrohung von innen wird klanglich durch den dreimal gleichen Anlaut „in" hervorgehoben.

Tempora und Modi: Die Infinitive mit eingerechnet, kommt viermal Präsens vor, einmal Futur II, einmal Futur I und einmal Perfekt. „dicat" ist der einzige Konjunktiv in dem Satz. Cicero will sagen, dass er Catilina jederzeit hinrichten lassen könnte. Dass er es nicht tut, muss einen besonderen Grund haben.

„cum iam..." wird durch „tum" vorbereitet, der Relativsatz „qui...fateatur" durch dreimaliges „tam" + Adjektiv.

132: Aufgaben zu § 6

„multorum oculi et aures" ist das Subjekt, wobei die Tatsache, dass es vieler (Augen und Ohren) sind, durch die Positionierung von „multorum" ganz an den Anfang des Satzes hervorgehoben wird.

„muta", „obliviscere" und „crede" sind Imperative der 2. P. Sg., „obliviscere" ist der Form nach Passiv.

132: Aufgaben zu § 7

Cicero betont seine außerordentlichen Kenntnisse des Sachverhalts und der zeitlichen Abläufe, um damit seine Glaubwürdigkeit zu untermauern. Diese Rhetorik nützt ihm selbst und damit natürlich dem ganzen Staat, dessen oberster Vertreter er ist.

Das Wohl des Staates steht über dem Wohl einzelner Menschen. Deshalb meint Cicero, dass die hoch gestellten Männer des Staates bei ihrer Flucht nicht an sich selbst gedacht haben.

132: Augaben zu § 8

Markierte Trikola:

agis, moliris, cogitas; audiam, videam, sentiam

Beim ersten Trikolon erscheint einem die Reihenfolge falsch herum, da man normalerweise zunächst denkt, anschließend unternimmt und erst zuletzt ausführt. Das zweite Trikolon dokumentiert die totale Überwachung Catilinas, wobei mit „sentiam" die beiden vorausgegangenen Begriffe noch einmal in einem zusammengefasst werden, was die Intensität der Aussage steigert.

132: Aufgaben zum gesamten Abschnitt

Catilina und seine Maßnahmen	Cicero und seine Gegenmaßnahmen
castra sunt collocata	multis praesidiis obsessus
crescit hostium numerus	multorum te oculi et aures
imperatorem perniciem molientem	speculabuntur atque custodient
fore in armis Gaium Manlium	licet recognoscas
caedem optimatium	dicere in senatu
te Praeneste occupatorum esse	recognosce mecum
vigilare ad perniciem rei publicae	vigilare ad salutem rei publicae

Gradus XIII

135: Zahlen- und Jahresangaben
LXX = 70; MMIX = 2009; MCMLXIX = 1969; MDCCCXII = 1812

135: Übersetzung
1 Nachdem die Kriege beendet worden waren, feierte er (= Caesar) fünfmal den Triumph,
2 nach dem Sieg über Scipio viermal im selben Monat,
3 aber mit Unterbrechungen,
4 und noch einmal nach dem Sieg über die Söhne des Pompeius.
5 Den ersten und vortrefflichsten Triumph feierte er über Gallien,
6 der über Alexandria folgte,
7 dann der über Pontus, diesem als nächster folgend der über Afrika,
8 der letzte über Spanien,
9 ein jeder von unterschiedlicher Pracht und Ausstattung.
10 Am Tag des gallischen Triumphes, als er am Velabrum vorbeifuhr,

11 wurde er beinahe aus dem Wagen geworfen, weil die Achse gebrochen war,

12 und er stieg bei Licht zum Kapitol hinauf, wobei

13 vierzig Elefanten

14 zur Rechten und zur Linken die Leuchter trugen.

15 Beim pontischen Triumph zeigte er unter den Trophäen des Festzugs

16 eine Tafel mit den drei Worten ICH KAM, SAH, SIEGTE,

17 die nicht auf die Kriegstaten anspielte wie die übrigen,

18 sondern auf die Besonderheit der recht schnellen Beendigung des Krieges.

135: Übersetzung

1 Und er erreichte die Kohorten am Fluss Rubicon, der die Grenze seiner Provinz war,

2 rastete ein wenig und überdenkend, welch großes Vorhaben er unternehmen wollte, wandte er sich an die Nächststehenden: „Auch jetzt noch", sagte er,

3 „können wir zurückgehen; wenn wir aber die kleine Brücke überquert haben, werden die Waffen alles entscheiden müssen." Danach sagte Caesar: „Iacta alea est."

137: Übersetzung des Passivs

reperti sunt duo equites	Zwei Ritter wurden gefunden.
	Zwei Ritter fanden sich.
	Man fand zwei Ritter.
magna habenda est gratia	Großer Dank ist zu schulden.
	Man muss großen Dank schulden.
si te interfici iussero…	Wenn ich befehle, dass du getötet wirst…
	Wenn ich befehle, dass man dich tötet…

137: Übersetzung

Es schien, dass deinen Angriffen nicht ausgewichen werden konnte.

137: Übersetzung

1 Zu guter Letzt haben wir endlich, römische Bürger,
2 Lucius Catilina, den vor Dreistigkeit tobenden,
3 den Verbrechen schnaubenden,
4 den verbrecherisch Unheil für das Vaterland planenden,
5 den euch und dieser Stadt hier
6 mit Schwert und Feuer drohenden,
7 aus der Stadt herausgeworfen oder verjagt
8 oder ihn, als er von selbst hinausging,
9 mit Worten begleitet.
10 Er ist weggegangen, entschwunden, entronnen, davonge-
   stürmt.
11 Kein Verderben mehr wird
12 von jenem Scheusal und Ungeheuer
13 der Stadt selbst innerhalb ihrer Mauern bereitet.
14 Und wir haben ja diesen einen
15 Anführer des inneren Krieges
16 ohne Zweifel besiegt.
17 Denn nicht mehr wird
18 jener Dolch unter uns weilen,
19 nicht auf dem Marsfeld, nicht auf dem Forum, nicht in der
   Kurie,
20 schließlich nicht innerhalb der eigenen vier Wände
21 werden wir uns sehr fürchten.

139: Übersetzung

1 Es hatten sich mehr als sechzig Männer gegen ihn verschworen
2 mit Gaius Cassius und Marcus und Decimus Brutus
3 als Anführer der Verschwörung.
4 Diese zögerten zunächst, ob sie ihn auf dem Marsfeld,
5 wenn er während der Volksversammlung zur Abstimmung ruft,
6 unter Verteilung der Aufgaben von der Brücke herunterwerfen
7 und, nachdem sie ihn aufgefangen hätten, niedermetzeln
8 oder ob sie ihn auf der heiligen Straße oder am Eingang des
   Theaters angreifen sollten.
9 Nachdem eine Senatsversammlung an den Iden des März
10 in der Kurie des Pompeius anberaumt worden war,
11 bevorzugten sie gern diesen Zeitpunkt und Ort.

139: Übersetzung
1 Caesar wurde indessen seine bevorstehende Ermordung
2 durch klare Vorzeichen angekündigt.
3 Vor wenigen Monaten,
4 als in der Kolonie Capua die durch das julische Gesetz ange-
siedelten Kolonisten
5 zum Aufbau ihrer Landhäuser
6 sehr alte Gräber einrissen,
7 fand man eine Bronzetafel in einem Grabmal,
8 in dem Capys, der Gründer Capuas, bestattet worden sein soll,
9 und auf der stand in griechischen Buchstaben und Worten
10 dieser Satz geschrieben:
11 Wenn einmal die Gebeine des Capys freigelegt werden,
12 werde es geschehen, dass einer, der von jenem abstamme, von
der Hand Blutsverwandter getötet,
13 bald darauf aber durch großes Unheil für Italien gerächt
werde.
14 Für diese Tatsache bürgt, damit niemand sie für fabelhaft oder
erfunden hält,
15 Cornelius Balbus, ein sehr enger Vertrauter Caesars.

141: Übersetzung
1 In den nächsten Tagen erfuhr er (= Caesar), dass die Pferde,
2 die er beim Überqueren des Rubicon
3 den Göttern geweiht hatte und frei und ohne Aufseher hatte
laufen lassen,
4 sich hartnäckig vom Futter fernhielten
5 und reichlich weinten.
6 Und beim Opfern mahnte ihn der Eingeweidebeschauer
Spurinna,
7 eine Gefahr zu meiden, die sich nicht später als bis
8 zu den Iden des März zeigen werde.
9 Aber am Vortag ebenjener Iden sind Vögel unterschiedlicher
Art aus einem sehr nahe gelegenen Wald einem Zaunkönig,
10 als der mit einem Lorbeerzweig zur Kurie des Pompeius
11 flog,
12 gefolgt und zerrissen ihn ebendort.
13 In der Nacht wahrlich, der der Tag der Ermordung dämmerte,
14 sah er im Schlaf sich selbst

15 manchmal über den Wolken umherfliegen,
16 ein anders Mal sich die rechte Hand mit Jupiter reichen;
17 auch seine Gattin Calpurnia meinte zu sehen,
18 dass der Giebel des Hauses einstürze
19 und dass ihr Mann in ihrem Schoß niedergestochen würde;
20 und plötzlich standen die Türen des Schlafzimmers von selbst offen.
21 Deswegen und zugleich wegen seiner Unpässlichkeit
22 zögerte er lange, ob er bleiben
23 und das, was er vor dem Senat vorzutragen gedachte, verschieben sollte,
24 schließlich, als Decimus Brutus ihn ermahnte,
25 die in großer Zahl Versammelten und schon lange auf ihn Wartenden nicht im Stich zu lassen,
26 ging er ungefähr zur fünften Stunde heraus.

142: Aufgaben zu § 9

„gentium" ist ein partitiver Genitiv, abhängig von dem Ortsadverb „ubi".
„qui…cogitent" ist ein Relativsatz mit konsekutivem Nebensinn.
Den Nebensinn erkennt man am Konjunktiv. Um welche Art von Nebensinn es sich handelt, ergibt sich aus dem Kontext.
Wahrscheinlich will Cicero sagen, dass bei Menschen, die so verkommen sind wie Catilina und seinesgleichen, Worte nichts nützen.

142: Aufgaben zu § 10

ego	tu
comperi	perge, quo coepisti
munivi/firmavi	egredere
exclusi	proficiscere
magno metu	educ omnes tuos
non feram/patiar/sinam	purga urbem

142: Aufgaben zu § 11

Wie eine große Klammer umschließen diese beiden Wörter diejenigen, denen der Dank gebührt. Das Attribut „magna" kündigt ein Beziehungswort an. Man liest erwartungsvoll weiter, bis man es („gratia"), also das Ende der Klammer erreicht hat.

„taetram…horribilem…infestam" gehören zu „pestem", was eigentlich Pest bedeutet, eine lebensgefährliche Krankheit also. Die Attribute drücken dementsprechend Hass, Ekel und Angst aus.

142: Aufgaben zu § 12

„templa deorum", „tecta urbis" und „vitam civium" machen die Gesamtheit aus.

Cicero möchte nicht nur Catilina, sondern auch alle seine Anhänger loswerden. Dahinter steckt die Befürchtung, dass die Verschwörung auch ohne ihren Anführer weitergehen wird. Deshalb nützt es Cicero nicht viel, wenn er nur Catilina töten lässt.

142: Aufgaben zu § 13

„me imperante" ist ein Abl. Abs., „tua sponte" sein Pendant.

Es sind Fragesätze, mit denen Cicero Zweifel an Catilinas Existenzberechtigung wecken möchte. Dementsprechend agumentiert er inhaltlich damit, dass Catilina die soziale Isolation droht, falls er in Rom bleibt.

142: Aufgaben zu § 14

facile = Adverb (Akk. Sg. n von facilis); patior = 1. P. Sg. Präs. Ind. Akt. eines Deponens; sileri = Inf. Präs. Pass.

praetermitto	ad illa venio
non ad…non ad…ac…	sed ad…atque ad

Gradus XIV

145: Übersetzung

1 Es gehörte sich, dass alle Menschen, die danach streben,
2 den übrigen Lebewesen überlegen zu sein,
3 sich mit aller Macht anstrengen,

4 ihr Leben nicht in Stille zu verbringen,
5 wie das Vieh, das die Natur
6 vornüber gebeut und dem Bauch gehorchend gemacht hat.
7 Unsere gesamte Kraft liegt jedoch im Geist
8 und im Körper:
9 Den Geist gebrauchen wir zum Herrschen, den Körper eher
  zum Dienen;
10 das eine haben wir mit den Göttern gemeinsam,
11 das andere mit den Tieren.
12 Umso richtiger erschient es mir,
13 mit den Kräften des Geistes als mit den Kräften des Körpers
14 Ruhm zu erstreben und,
15 weil das Leben selbst, das wir genießen,
16 kurz ist, das Gedenken an uns
17 möglichst lang zu gestalten.
18 Denn der Ruhm des Reichtums und der Schönheit
19 ist unsicher und zerbrechlich,
20 die Tugend gilt als ruhmvoll und ewig.
21 Doch lange Zeit gab es einen großen Streit unter den Sterblichen,
22 ob durch die Kraft des Körpers oder durch die Tatkraft des
  Geistes
23 das Kriegswesen besser vorankomme.
24 Denn es bedarf sowohl des Beschlusses, bevor du beginnst,
25 als auch der Tat, sobald du zeitig beschlossen hast.
26 So braucht beides, jedes für sich bedürftig,
27 das eine die Hilfe des anderen.

147: Übersetzung
1 Er (= Catilina) wurde aus seiner Stellung vertrieben, indem er
  aus der Stadt verbannt wurde.
2 Nun werden wir offen gegen den Feind, ohne dass uns jemand
  hindert,
3 einen gerechten Krieg führen.
4 Ohne Zweifel haben wir den Mann vernichtet
5 und glänzend besiegt,
6 indem wir ihn aus seinem verborgenen Hinterhalt
7 in den offenen Raubzug trieben.
8 Dass er aber sein Schwert nicht blutig,
9 wie er es wollte, mitnahm, dass er obwohl wir noch lebten,

10 wegging, dass wir ihm das Schwert
11 seinen Händen entwunden haben, dass er die Bürger unver-
   sehrt,
12 die Stadt noch stehend zurückgelassen hat;
13 was glaubt ihr eigentlich, welch große Trauer ihn
14 verletzt und niedergeschlagen hat?
15 Nun liegt er hingestreckt, römische Bürger,
16 dass er geschlagen und niedergestreckt worden ist,
17 spürt er und wendet seine Blicke wahrlich oft
18 zurück auf diese Stadt, die, das beklagt er, seinem Rachen
19 entrissen wurde; dieser aber scheint mir froh zu sein,
20 dass sie eine so große Pest ausgespien
21 und hinausgejagt hat. Und wenn es einen derartigen Menschen gibt,
22 wie sie alle beschaffen sein sollten,
23 der mich genau diesbezüglich, worüber meine Rede frohlockt
24 und triumphiert,
25 heftig tadelt,
26 weil ich einen solchen Todfeind
27 nicht lieber verhaftet als laufen gelassen habe,
28 dann ist dies nicht meine Schuld, römische Bürger,
29 sondern die der Zeiten.

Cicero betrachtet sich als untadelig und tugendhaft. Seine Be-
schreibung der Zeit, in der er lebt, steht in krassem Gegensatz
dazu. Seine Klage „O tempora, o mores!" kennen Sie bereits. Er
sieht sich als Opfer der Umstände, die ihn dazu zwingen, anders
zu handeln, als er eigentlich möchte oder für richtig hielte.

149: „Höchster" oder „oben", „mittlerer" oder „auf der Hälfte"
Primo in monte crux est. = Auf dem ersten Berg steht ein Kreuz.
Medio in monte arbor est. = Auf dem mittleren Berg steht ein
Baum.
Medio in monte viator est. = Der Reisende befindet sich auf der
Hälfte des Berges (auf halber Höhe).
Summo in monte crux est. = Ganz oben auf dem Berg steht ein
Kreuz.
Altissimo in monte basilica est. = Auf dem höchsten Berg steht
eine Basilika.

Basilica est summo in monte. = Die Basilika steht ganz oben auf dem Berg.

Summo in altissimo monte basilica est. = Die Basilika befindet sich ganz oben auf dem höchsten Berg.

149: PPP – Prädikat, Infinitiv oder Partizipialkonstruktion
constrictam = Partizipialkonstruktion; interfectus = Prädikat; inclusum = Partizipialkonstruktion; interfectum = Infinitiv; conlocata = Prädikat; dissolutum = Partizipialkonstruktion; obsessus = Partizipialkonstruktion; circumclusum = Partizipialkonstruktion; munitam = Infinitiv; designato = Partizipialkonstruktion; insidiatus = Prädikat; inusta = Prädikat; vindicata = Infinitiv; oppressus = Prädikat

151: Übersetzung
1 Caesar betrat ohne abergläubische Besorgnis die Kurie,
2 wobei er Spurinna verspottete und ihn als irrend bezeichnete,
3 da die Iden des März ohne jeden Schaden für ihn gekommen seien.
4 Der sagte jedoch, dass sie zwar gekommen,
5 aber nicht vorüber seien. Als er sich setzte, umringten ihn die Verschwörer
6 unter dem Anschein ihrer Ehrerbietung und sogleich kam
7 Tillius Cimber, der die erste Rolle übernommen hatte,
8 näher heran, als ob er ihn etwas fragen wollte,
9 als er abwinkte und mit einer Geste auf einen anderen Zeitpunkt verwies,
10 ergriff er seine Toga auf beiden Schultern.
11 Als er rief: „Dies ist ja Gewalt!",
12 verwundete ihn einer der Cascas von hinten etwas unterhalb der Kehle.
13 Als Caesar Cascas Arm ergriff,
14 durchbohrte er (= Caesar) diesen mit einem Schreibgriffel und während er versuchte aufzuspringen,
15 wurde er durch eine weitere Wunde zurückgehalten; und sowie er erkannte,
16 dass er von allen Seiten mit gezückten Dolchen bedroht wurde,
17 verhüllte er sein Haupt mit der Toga, gleichzeitig zog er mit der linken Hand sein Gewand

18 bis zu den Waden herunter, damit er umso ehrenvoller falle,
19 wenn auch der untere Teil seines Körpers verhüllt sei.
20 Und so wurde er mit dreiundzwanzig Stichen durchbohrt,
21 wobei er nur beim ersten Stoß aufstöhnte und sonst keinen
   Laut von sich gab,
22 auch wenn einige berichten, er habe zu Marcus Brutus, als der
   auf ihn losstürmte,
23 gesagt: „Auch du, mein Sohn?"
24 Da sich alle zerstreuten, lag er eine Zeit lang tot da,
25 bis schließlich drei Sklaven ihn auf einer Sänfte gebettet, wobei ein Arm herabhing,
26 nach Hause trugen.
27 Und bei so vielen Wunden erwies sich,
28 wie der Arzt Antistius meinte,
29 keine als tödlich
30 außer der, die er als zweites in der Brust erhalten hatte.

152: Aufgaben zu § 15

Satzskizze

HS: Potestne tibi haec lux, Catilina, aut huius caeli spiritus esse
     iucundus,
     GS 1: cum scias esse horum neminem,
            GS 2: qui nesciat (hiervon abhängig 3 A.c.I.)
                   1: te pridie Kalendas Ianuarias Lepido et
                      Tullo consulibus stetisse in comitio cum
                      telo,
                   2: manum consulum et principium civitatis
                      interficiendorum causa paravisse,
                   3: sceleri ac furori tuo non mentem ali-
                      quam aut timorem tuum sed fortunam
                      populi Romani obstitisse?

Bestimmung von „illa": Nom. Pl. n
Satz gliedernde Wörter:
   neminem…qui; non…sed; neque…aut…aut
Zwei Prädikativa: me designatum; consulem

152: Aufgaben zu § 16

Aus Ciceros Sicht handelt es sich natürlich um kein lebenswertes Leben, denn das ist nur durch Tugendhaftigkeit und dem Dienst am Gemeinwohl (= dem Staatsdienst) zu erreichen.

Der Gegensatz wird untermauert durch: (odium) debeo – (misericordia) nulla debetur

Von den Senatoren, den nach Ciceros Ansicht angesehensten Männern des Erdkreises, gemieden und von ihnen ausgeschlossen zu werden, ist eine große Schmach. Sein Ansehen zu verlieren, bedeutet auch, politischen Einfluss einzubüßen, was Catilina ebenfalls zu einem bedauernswerten Menschen macht.

152: Aufgaben zu § 17

Es sind drei Konditionalsätze.

1.: si metuerent (= 3. P. Pl. Impf. Konj. Akt.), putarem (= 1. P. Sg. Impf. Konj. Akt.)

2.: si viderem (= 1. P. Sg. Impf. Konj. Akt.), mallem (=1. P. Sg. Impf. Konj. Akt.)

3.: si timerent (= 3. P. Pl. Impf. Konj. Akt.)/odissent (= 3. P. Pl. Plqpf. Konj. Akt., Verbum defectivum, übersetzt mit Konj. Impf.)/posses (= 2. P. Sg. Impf. Konj. Akt.), concederes (= 2. P. Sg. Impf. Konj. Akt.)

Der Konjunktiv Imperfekt drückt in diesen Sätzen den Irrealis der Gegenwart aus.

152: Aufgaben zu § 18

Es spricht: patria = das Vaterland

Das Ungewöhnliche der Zusammenstellung: Die beiden Worte drücken Gegensätzliches aus (Oxymoron).

Die Rede in der Rede: Schlüsselwörter sind „facinus", „flagitium" usw., ferner „impunita", „libera" und schließlich „metu". Wegen Catilinas unzähliger und ungesühnter Übeltaten ist der Staat in Angst. Durch die Personifikation des Staates (er spricht und fühlt wie ein Mensch) will Cicero paradoxerweise an Catilinas Gewissen appellieren. Ziel der Rede ist, Catilina dazu zu bringen, die Stadt zu verlassen.

152: Aufgaben zu § 19
debeat = Konj. Präs., als Teil eines Konditionalsatzes bezeichnet er hier einen Potentialis der Gegenwart.

cum…tulisses: Hier verlangt die Konjunktion „cum" den Konjunktiv; „tulisses" ist Konj. Plqpf., also nachzeitiger Konjunktiv zum Nebentempus im Hauptsatz „venisti".

quem…putasti: ist ein verschränkter Relativsatz, „quem" ist gleichzeitig Relativpronomen und Subjekts-Akkusativ.

152: Aufgaben zu § 20
refer = 2. P. Sg. Imp. Akt. (Befehl zur unmittelbaren Ausführung); inquis = Verbum defectivum, 2. P. Sg. Präs. Ind. Akt. (normaler Aussagesatz im Präsens); postulas = 2. P. Sg. Präs. Ind. Akt. (normaler Aussagesatz im Präsens); decreverit = 3. P. Sg. Perf. Konj. Akt. (Konj. wegen indirekter Rede, Perf. wegen Vorzeitigkeit zum Haupttempus „dicis"); dicis = 2. P. Sg. Präs. Ind. Akt. (normaler Aussagesatz im Präsens); referam = 1. P. Sg. Fut. I Ind. Akt. (normaler Aussagesatz auf die Zukunft bezogen); abhorret = 3. P. Sg. Präs. Ind. Akt. (normaler Aussagesatz im Präsens); faciam = 1. P. Sg. Fut. I Ind. Akt. (normaler Aussagesatz auf die Zukunft bezogen, allerdings mit konjunktivischem Charakter = „will"); intellegas = 2. P. Sg. Präs. Konj. Akt. (Konjunktiv wegen abhängigem Wunsch- bzw. Begehrssatz, Präsens wegen Gleichzeitigkeit zum Haupttempus „faciam"); sentiant = 3. P. Pl. Präs. Konj. Akt. (Konjunktiv wegen indirekter Frage, Präsens wegen Gleichzeitigkeit zum Haupttempus „intellegas"); egredere = 2. P. Sg. Imp., der Form nach Pass., in der Übersetzung Akt., weil es sich um ein Deponens handelt (Befehl zur unmittelbaren Ausführung); libera = 2. P. Sg. Imp. Akt. (Befehl zur unmittelbaren Ausführung); exspectas = 2. P. Sg. Präs. Ind. Akt. (trotz Konditionalsatz Indikativ, weil offen bleiben soll, ob der Sprechende die Erfüllung der Bedingung für möglich hält oder nicht); proficiscere = 2. P. Sg. Imp., der Form nach Pass., in der Übersetzung Akt., weil es sich um ein Deponens handelt (Befehl zur unmittelbaren Ausführung)

quiescunt	probant
patiuntur	decernunt
tacent	clamant

All diese Gegensatzpaare kontrastieren passives mit aktivem Verhalten. Dass gerade das passive Verhalten dabei die eigentliche Handlung trägt, wirkt paradox und erzielt durch das Staunen eine größere Eindringlichkeit.

Gradus XV

154: Vokabeln zu ethischen Kategorisierung

bonus: gut	virtus: Tapferkeit	improbus: sittlich schlecht	dedecus: Schande
iustus: gerecht	religio: Gewissenhaftigkeit	sceleratus: verbrecherisch	scelus: Verbrechen
pius: fromm	pietas: Pflichgefühl, Frömmigkeit	impius, perditus: gottlos, verkommen	vitium: Fehler
honestus: ehrenhaft	honor: Ehre	perniciosus: verderblich	pernicies: Verderben
	pudor: Scham	taeter, turpis: abscheulich, hässlich	turpitudo: Schändlichkeit

154: Schimpfwörter
pestis = Pest; monstrum = Ungeheuer; parricida = Möder; prodigium = Ungeheuer; latro = Räuber; percussor = Mörder

155: Übersetzung
1 Nun bedrohst du schon offen das gesamte Gemeinwesen,
2 die Tempel der unsterblichen Götter, die Häuser der Stadt,
3 das Leben aller Bürger, ganz Italien
4 weihst du dem Untergang und der Verwüstung.

Cicero zählt alle „Bestandteile" des Gemeinwesens auf: Stadt, Land, Götter wie Menschen; alles gehört dazu und bildet gerade durch seine Gegensätze eine Gesamtheit. Die Götter sind dabei allgegenwärtig und unverzichtbar für ein funktionierendes Staatswesen und Alltagsleben.

155: Übersetzung

1 O glückliches Gemeinwesen,
2 wenn es diesen Abschaum der Stadt hinausgeworfen hat!
3 Bei Gott, durch die Beseitigung des einen Catilina
4 scheint mir das Gemeinwesen erleichtert und neu erschaffen.
5 Denn welches Übel oder Verbrechen kann ausgedacht oder ersonnen werden,
6 das er nicht begangen hätte?
7 Welcher Giftmischer lässt sich in ganz Italien finden, welcher Bandit,
8 welcher Räuber, welcher Meuchelmörder, welcher Mörder der eigenen Familie,
9 welcher Testamentfälscher, welcher Betrüger,
10 welcher Schlemmer, welcher Verschwender, welcher Ehebrecher,
11 welche verrufene Frau, welcher Verderber der Jugend,
12 welcher verdorbene, welcher verkommene Mensch,
13 der nicht eingestände, dass er vertrautesten Umgang mit Catilina hat?
14 Welche Bluttat ist in all diesen Jahren
15 ohne ihn geschehen, welche ruchlose Unzucht
16 nicht durch ihn?
17 Vollends, welche große Verführung der Jugend gab es je in irgendeinem Menschen,
18 wie es sie in ihm gibt?
19 Er, der die einen sehr unanständig selbst liebte,
20 sich der Liebe anderer äußerst lasterhaft hingab,
21 versprach den einen Genuss ihrer Gelüste, den anderen den Tod ihrer Eltern,
22 indem er sie nicht nur dazu verleitete, sondern ihnen auch dabei half.
23 Nun aber, wie plötzlich hatte er nicht nur aus der Stadt,
24 sondern auch vom Land eine ungeheure Anzahl
25 an verkommenen Menschen zusammengebracht!

157: Grammatisch relevante Quantitäten
S. 155: uno mehercule Catilinā exhausto
S. 87: senatūsque consulto certior factus
S. 115: urbem Romam condidēre Troiani
S. 117: sed ea tempestate coepēre se quisque magis extollere
S. 131: coercere omnibus modis socios atque civīs
S. 139: postquam senatūs Idibus Martiis in Pompei curiam
        edictus est
S. 145: quoniam vitā ipsā, qua fruimur, brevis est

157: Übersetzung
1 Die Waffen und den Mann besinge ich, der als Erster von der
  Küste Trojas
2 durch das Schicksal verbannt nach Italien kam und an die la-
  vinischen
3 Gestade, der viel auf dem Land und auf dem Meer hin- und
  hergeworfen wurde
4 durch die Gewalt der Götter wegen des nachtragenden Zorns
  der wütenden Juno,
5 auch viel litt er durch Krieg, bis er gründe die Stadt
6 und bringe die Götter nach Latium, aus dem das Geschlecht
  der Latiner entstanden ist
7 und Albas Väter die Mauern des hohen Roms.

157: Übersetzung
1 Mein Herz treibt mich, von Gestalten zu erzählen, verwandelt
  in neue
2 Körper; ihr Götter unterstützt mein Vorhaben (denn auch ihr
  habt jene verwandelt),
3 vom frühesten Ursprung der Welt
4 bis in meine Zeit führt herab das ununterbrochene Gedicht!

159: Besondere Wortstellungen
malum – aliud – ullum (Hyperbaton)
Eine ringförmige Wortstellung hat der folgende Vers:
mobilitate viget virisque adquirit eundo

Die beiden Prädikate umrahmen das Objekt; die Prädikate wiederum werden umrahmt von den beiden unterschiedlichen Ablativen. „viris" steht somit sehr exponiert und aussagekräftig in der Mitte des Verses.

159: Übersetzung

1 Bevor ich über den Staat, versammelte Väter,
2 das sage, was in dieser Zeit, glaube ich, gesagt werden muss,
3 werde ich euch kurz den Grund
4 sowohl meines Aufbruchs als auch meiner Rückkehr darlegen.
5 Als ich hoffte, die Politik werde sich endlich wieder
6 auf euren Ratschluss und Einfluss
7 beziehen,
8 beschloss ich, bleiben zu müssen,
9 gleichsam im Amt eines ehemaligen Konsuls und eines Senators.
10 Und ich ging wahrlich nirgendwohin fort
11 noch wandte ich meine Blicke ja vom Staat ab von dem Tag an,
12 an dem wir uns im Tempel der Tellus versammelten.
13 So viel mich angeht, so habe ich in diesem Tempel das Fundament für den Frieden gelegt
14 und das alte Beispiel der Athener erneuert
15 Ausgezeichnet war damals die Rede des Marcus Antonius,
16 hervorragend auch seine Absicht;
17 schließlich wurde durch ihn und seine Kinder Frieden
18 mit unseren vortrefflichsten Bürgern geschlossen.
19 Und mit diesen Anfängen harmonierte der Rest.
20 Zu den Beratungen über den Staat, die er zu Hause abhielt,
21 zog er die Anführer der Bürgerschaft hinzu;
22 dieser Versammlung legte er sehr geeignete Vorschläge vor;
23 damals fand sich nichts in Caesars Aufzeichnungen als das, was allen bekannt war;
24 (s. Zeile 23)
25 mit größter Folgerichtigkeit antwortete er auf das,
26 was er gefragt wurde.

161: Stilmittel

	Name	Beispiel
1	Alliteration	veni, vidi, vici
2	Anapher	non in (3 Mal In Catilinam II)
3	Chiasmus	Die Kunst ist lang und kurz ist unser Leben. (Faust)
4	Epipher	Wer nicht das Leben liebt, wer nicht den Himmel und die Erde liebt, wer nicht die Menschen liebt, der hat viel versäumt.
5	Geminatio	Ich möchte wissen, wie, wie hast du das geschafft.
6	Hyperbaton	hunc…unum…ducem (In Catilinam II)
7	Litotes	Neminem vestrum ignorare… (In Verrem II)
8	Metonymie	ferro (In Catilinam II)
9	Oxymoron	brüllende Stille
10	Parallelismus	Verstehen braucht Zeit, Behalten bedarf der Wiederholung.
11	Präteritio	Ich will ganz davon schweigen, dass…
12	Prosopopoiia	oratio festinat (Philippica I)
13	Trikolon	Senatus haec intellegit, consul videt; hic tamen vivit. (In Catilinam I)

161: Übersetzung

1 Sogar dass wir Servius Sulpicius zustimmten,
2 einem sehr ruhmvollen Mann, wollte er (= Marcus Antonius),
3 damit kein nach den Iden des März verfasstes Dokument
4 mit einem Beschluss oder einer Auszeichnung Caesars öffentlich angeschlagen werde.
5 Vieles übergehe ich, auch das Vortreffliche;
6 denn meine Rede eilt zu einer einzigartigen Tat des Marcus Antonius.
7 Die Diktatur, die bereits die Wirksamkeit
8 einer Königsherrschaft angenommen hatte,

9 hat er gänzlich aus dem Staatswesen entfernt;
10 darüber haben wir nicht einmal abgestimmt.
11 Er brachte den schriftlichen Senatsbeschluss,
12 von dem er wünschte, dass er in Kraft trete, mit;
13 nach dem Vorlesen schlossen wir uns
14 mit größtem Eifer seiner Ansicht an
15 und erwiesen ihm mit großmütigen Worten
16 durch einen Senatsbeschluss unseren Dank.

162: Aufgaben zu § 22

Konjunktiv Präsens	Konjunktiv Perfekt
frangat ⎤	
corrigas ⎥ Potentialis d. G.	
meditere ⎥	
cogites ⎦	
dent → Optativ d. G.	
impendeat ← Potentialis d. G. →	induxeris
sit ⎤ Optativ d. G.	
sciungatur ⎦	
commoveare ⎤	
pertimescas ⎥ ut-Satz (optativ)	
cedas ⎦	revocarit → ut-Satz (konsekutiv)

162: Aufgaben zu § 23
Imperative

Lateinisch	Deutsch
proficiscere	brich auf
perge	gehe
egredere	verschwinde
confer te	begib dich
concita	rufe
secerne te	sondere dich ab
infer	bringe

Indikative

	Tempus	Satz-Typ; evtl. Konjunktion
dixi	Perfekt	eingeschobener HS
praedicas	Präsens	eingeschobener HS
vis	Präsens	GS mit si = wenn
feram	Futur I	HS
feceris	Futur II	GS mit si = wenn
ieris	Futur II	GS mit si = wenn
sustinebo	Futur I	HS
mavis	Präsens	GS mit si = wenn

162: Aufgaben zu § 24

Satzskizze

HS: Quamquam quid ego te invitem,
    GS 1 (relativ + A.c.I.): a quo iam sciam esse praemissos,
      GS (relativ): qui tibi ad forum Aurelium praestolarentur
          armati,
    GS 2 (relativ + A.c.I.): cui sciam pactam et constitutam cum
          Manlio diem,
    GS 3 (relativ + A.c.I.): a quo etiam aquilam illam argen-
          team,…sciam esse praemissam?
    GS 1 (relativ + A.c.I.): quam tibi ac tuis omnibus confido
          perniciosam ac funestam futuram,
    GS 2 (relativ):   cui domi tuae sacrarium scelera-
          tum constitutum fuit,

Die drei Relativsätze ersten Grades haben einen kausalen Nebensinn; das erklärt zum einen die Übersetzung mit der Konjunktion „da", zum anderen den Konjunktiv „sciam". Von „sciam" sind die drei A.c.I. mit passiven Infinitiven abhängig, die aktiv übersetzt werden. Entsprechend werden die Subjekts-Akkusative zu Objekten und die drei Relativpronomen zu Subjekten, nämlich Catilina.

Die „pietas" Catilinas

Cicero verwendet zwar Begriffe der Götterverehrung, jedoch verkehrt die Ironie, mit der er spricht, die Bedeutung seiner Worte ins Gegenteil.

Ad hanc te amentiam natura peperit, voluntas exercuit, fortuna servavit.

Die kurze, präzise Abfolge von Subjekt + Prädikat unterstreicht die Unzweifelhaftigkeit und Entschiedenheit der Aussage.

162: Aufgaben zu § 26

laetitia perfuere, quibus gaudiis exsultavis, quanta in voluptate bacchabere

162: Aufgaben zu § 27

exsul	consul
ex urbe	in urbem

Gradus XVI

164: Übersetzungen

Für Roscius aus Ameria

Ich glaube, ihr Richter, dass ihr staunt, was es ist, dass gerade ich mich erhoben habe, obwohl so viele sehr bedeutende Redner und Männer von sehr vornehmer Herkunft hier sitzen. Ich, der ich weder hinsichtlich meines Alters, noch was mein Talent oder Ansehen angeht, mit denen zu vergleichen bin, die sitzen.

Erste Rede gegen Verres

Was am meisten zu wünschen wäre, ihr Richter…

Zweite Rede gegen Verres

Ich glaube, ihr Richter, dass niemand von euch *nicht* weiß…

Erste Philippische Rede

Bevor ich über den Staat, versammelte Väter, das sage, was in dieser Zeit, glaube ich, gesagt werden muss, werde ich euch kurz den Grund sowohl meines Aufbruchs als auch meiner Rückkehr darlegen.

Zweite Philippische Rede

Was soll ich sagen, versammelte Väter, durch welches mein Schicksal es bestimmt ist, dass es in den letzten zwanzig Jahren keinen Feind des Staates gab, der nicht auch gleichzeitig mir den Krieg erklärt hat?

165: Zwei Reden in der Rede

Das Vaterland zu Catilina

Oberster Abschnitt = Narratio; mittlere Abschnitt = Argumentatio; unterster Abschnitt = Argumentatio und Fazit. Die Einleitung mit Anrede und Captatio benevolentiae lässt Cicero aus.

Das Vaterland zu Cicero

Oberster Abschnitt = Anrede; zweiter Abschnitt = Narratio; dritter Abschnitt = Narratio; unterster Abschnitt = Argumentatio. An der Einleitung fehlt nur die Captatio benevolentiae. Der Schlussteil fehlt ganz.

166: Übersetzung

Einleitung zur ersten Rede gegen Catilina

Lucius Sergius Catilina, ein Mann aus einem Adelsgeschlecht,
von großer Kraft des Körpers wie des Geistes,
aber von schlechter und niedriger Gesinnung,
der schon im Jahr 689 (seit Gründung der Stadt)
den Plan gefasst hatte,
die Konsuln zu töten und sich durch diese Tat
an die Macht zu bringen,
der aber durch einen Zufall daran gehindert worden war,
seine Tat auszuführen,
**bewarb sich im Jahr 691 (seit Gründung der Stadt)
um das Konsulat**.
Zu dieser Zeit waren in den Plan, den Staat zu stürzen, schon
Menschen aller Art hinzugezogen worden,
die verdorbensten und ruchlosesten,
solche, die Armut, Gier oder Verbrechen vorantrieben.
Da aber die für den Staat verderblichen Pläne,
die er im Sinn hatte,
kaum verborgen blieben,
wurde durch das (gemeinsame) Bemühen aller Aufrichtigen
Marcus Tullius Cicero Konsul,
zusammen mit Gaius Antonius.
Diese Sache ärgerte Catilina und
als Cicero und Antonius Konsuln waren,
nahm er umso begieriger seine Pläne wieder auf.
Am meisten die Achtsamkeit des Konsuls Cicero
stand diesen Plänen entgegen.

Diesem wurden **die Pläne Catilinas und seiner Genossen durch Fulvia verraten**, eine Adlige,
die eine Beziehung hatte zu
Quintus Curius, einem der Mitverschörer.
Als aber diese schlimmen Pläne gegen das Wohl des Staates,
die die Verschwörer in Angriff genommen hatten,
schon offener vorangetrieben wurden,
wurde ein Senatsbeschluss gefasst:
Die Konsuln sollten zusehen, dass
der Staat nicht Schaden nehme.
Und es wurde erreicht, dass Catilina die Hoffnung
auf das Konsulat, das er für das nächste Jahr anstrebte,
aufgab. Und designiert wurden
Decius Silanus und Lucius Murena.
Da dies so war, **beschloss Catilina,**
der vorher schon Boten durch Italien geschickt hatte,
um rebellische Leute, insbesondere Sullas Veteranen,
aufzuhetzen, **aufzubrechen zu Gaius Manlius,**
der in Faesula, einer befestigten Stadt in Etrurien,
eine Schar Bewaffneter zusammengezogen hatte,
und dem Vaterland den Krieg zu erklären.
Und in der Nacht vom achten auf den siebten Tag
vor den Iden des November **eröffnete er** den
Mitverschwörern, die im Haus des Marcus Porcius Laeca zusammengerufen worden waren, **den Plan,**
den er gefasst hatte.
Bei dieser nächtlichen Zusammenkunft
erhielten zwei römische Ritter den Auftrag,
den Konsul Cicero noch in derselben Nacht
kurz vor Morgengrauen, **zu töten,** nachdem sie
sein Haus, wie um ihm Glück zu wünschen,
betreten hätten.
Nachdem Marcus Cicero dem Attentat entgangen war,
rief er am folgenden Tag, dem sechsten vor den Iden des November, unter starker Bewachung
den Senat im Tempel des Jupiter Stator zusammen.
Als Catilina, gewissermaßen um sich reinzuwaschen,
dorthin gekommen war, hielt Cicero die folgende Rede,
in der er Catilina auf das Heftigste angriff ...

Catilinas Gier nach dem Konsulat, sein „Frust", es nicht zu er-
langen; die „homines perniciosi/perditi", der Mordanschlag,
Fulvia, Manlius, der Aufstand wird zum Krieg; Jupiter Stator;
Ciceros Umsicht und Klugheit. Videant consules ...

167: Wiederholung: Adjektiv – Adverb
perditus – perdit**e**; audax – audac**ter**
cupidior – cupid**ius**, apertior – apert**ius**;
perditissimus – perditissim**e**, vehementissimus – vehementissim**e**

168: Übersetzung
Einleitung zur zweiten Rede
Als die Rede, die Marcus Tullius
am sechsten Tag vor den Iden des November
im Senat gegen Catilina, in dessen Anwesenheit, hielt,
von den Senatoren so gehört worden war,
dass die meisten dem Konsul zustimmten
und Catilina Feind des Vaterlandes und Mörder nannten,
da floh jener aus dem Senat und brach in der nächsten Nacht
zu Manlius auf. In der Stadt zurückgelassen worden waren
Publius Lentulus, Gaius Cethegus und andere Mitverschwörer,
die das, weshalb sie zusammengekommen war
en, zu Ende bringen sollten.
Am Tag danach wurde eine Volksversammlung einberufen
und Marcus Cicero hielt die folgende Rede,
um das Volk darüber zu informieren, was vorging,
und um es zu bitten, ihn nicht zu hassen ...

168: Stichwörter
hostis patriae, parricida, invidia

168: Wiederholung Abl. Abs.
relictis ... sociis; contione convocata

168: Übersetzung
Einleitung zur dritten Rede
Kurze Zeit nachdem dies geschehen war,
als Gesandte der Allobroger, die,

von Lentulus umworben, auf Betreiben Ciceros
vorgegeben hatten,
mit der Verschwörung zu sympathisieren,
auf dem Weg aus der Stadt zusammen mit Titus Volturcius,
der von Lentulus zu Catilina geschickt worden war,
des Nachts auf der mulvischen Brücke **ergriffen worden waren**
und die Briefe, die von Lentulus, Cethegus,
Publius Gabinius Cimber auf dem Weg zu Catilina waren,
Cicero übergeben worden waren,
da rief dieser, nachdem die Anführer der Verschwörung
herbeigeholt worden waren, **den Senat im Tempel der Concordia
zusammen**. Das war am dritten Tag vor den Nonen des Dezember.
Dort wurden,
nachdem die Gesandten und Volturcius die ganze Sache ange-
zeigt hatten,
die Verschwörer, überführt durch ihre Briefe,
in Gewahrsam genommen,
Cicero aber wurde vom Senat gedankt
und es wurde ein Dankopfer beschlossen.
Nachdem diese Dinge vollbracht worden waren,
trat Cicero vor die Volksversammlung und
legte dem Volk das, was geschehen war,
in folgender Rede dar ...

169: Wiederholung: Konstruktionen
Abl. Abs.: Quibus rebus peractis
P.C.: coniurati litteris suis convicti
Prädikate mit PPP: comprehensi essent, traditae (essent), decreta
est
Konjuntionen mit Konjunktiv: cum ... indicassent

169: Übersetzung
1 Ihr seht, römische Bürger, dass der Staat
2 und euer aller Leben, eure Güter,
3 euer Vermögen, eure Frauen und Kinder
4 und dieser Wohnsitz des ruhmvollsten Reiches,
5 diese überaus glückliche und schöne Stadt,
6 dass der Staat am heutigen Tag durch die überaus große
    Liebe der unsterblichen Götter

7 zu euch und durch meine Mühen,
8 Entscheidungen und Gefahren
9 dem Feuer, dem Schwert und fast
10 dem Rachen des Schicksals entrissen und
11 für euch gerettet und euch wiedergegeben wurde.

170: Übersetzung
Einleitung zur vierten Rede
Als der Konsul Marcus Tullius Cicero
an den Nonen des Dezember
den Senat im Tempel des Jupiter Stator fragte,
was er denn wolle, was mit den Beteiligten an Catilinas Verschwörung geschehen solle,
die in Gewahrsam genommen worden waren,
da ergab es sich, dass vor allem zwei Meinungen vorgetragen wurden,
zum einen die des designierten Konsuls Decius Silanus,
der meinte, sie müssten mit dem Tod bestraft werden,
die andere die von Gaius Caesar, der meinte,
man solle sie nach Verstaatlichung ihres Vermögens über die Städte Italiens verteilen und in ewigen Fesseln halten.
Als eine Mehrheit der Senatoren eher Caesars als Silanus' Meinung zuzuneigen schien,
versuchte Marcus Cicero mit folgender Rede die Position des Silanus zu unterstützen.

170: Wiederholung: Konstruktionen
Abl. Abs.: publicatis bonis
P.C.: ---
A.c.I.: morte illos multandos (esse) censebat
illos ... distribuendos (esse) existimabat
nd-Form: multandos, distruendos, tendendos (alle: Gerundivum mit esse!)

170 + 171: Übersetzung
1 Ich sehe, versammelte Väter,
2 dass euer aller Gesichter und Blicke
3 auf mich gerichtet sind. Ich sehe, dass ihr nicht nur
4 wegen der Gefahr für euch und die des Staates, sondern auch,

5 wenn sie denn verdrängt ist, wegen der Gefahr für mich beunruhigt seid.

6 Erfreulich im Unglück und willkommen im Schmerz ist mir

7 eure Zuneigung mir gegenüber,

8 aber, bei den unsterblichen Göttern,

9 verzichtet auf sie und denkt, ohne auf meine Rettung zu achten,

10 an euch und eure Kinder!

11 Wenn mir das Konsulat unter dieser Bedingung übergeben wurde,

12 alle Bitterkeiten, allen Schmerz

13 und alle Qualen zu ertragen,

14 dann will ich sie nicht nur tapfer,

15 sondern auch gern ertragen,

16 wenn nur durch meine Mühen euch

17 und dem römischen Volk Achtung und Heil verschafft wird.

18 Ich bin der Konsul, versammelte Väter,

19 für den nicht das Forum, auf dem alle Gerechtigkeit bewahrt wird,

20 nicht das Marsfeld, das durch die konsularischen Auspizien geweiht ist,

21 nicht die Kurie, der höchste Beistand aller Völker,

22 nicht das Haus, die allgemeine Zufluchtsstätte,

23 nicht das Bett, das einem zur Ruhe gegeben ist,

24 schließlich nicht dieser Ehrensitz jemals frei

25 von Lebensgefahr und Hinterhalt war.

26 Ich habe vieles verschwiegen, vieles ertragen,

27 vieles zugestanden, vieles gleichsam durch meinen Schmerz

28 geheilt, während ihr in Angst wart.

29 Wenn nun die unsterblichen Götter das Ende meines Konsulats

30 so gewollt haben,

31 dass ich euch und das römische Volk

32 dem elendsten Gemetzel, eure Frauen und Kinder

33 und die vestalischen Jungfrauen der grausamsten Misshandlung,

34 die Tempel und Heiligtümer,

35 unser aller herrlichstes Vaterland

36 dem grauenhaftesten Feuer, ganz Italien dem Krieg

37 und der Verwüstung entreiße, so soll jedwedes mir allein

38 verheißene Schicksal ertragen werden.

170 + 171: Stilistische Besonderheiten
video (2 Mal): Anapher; incunda in malis et grata in dolore: Parallelismus; acerbitates, dolores, cruciatus: Trikolon; non solum... verum etiam: Satz gliedernde Konjunktion; non (5 Mal): Anapher; multa (4 Mal): Anapher; ex... (4 Mal): Epipher; mihi uni.

170 + 171: Ciceros Selbst- und Amtsverständnis
Cicero sieht sich nicht ohne eine gewisse Selbstgefälligkeit als mutig, tapfer, selbstaufopfernd. Er ist bereit, für das Wohl des Staates und seiner redlichen Bürger alles zu ertragen. Damit schreibt er sich selbst eine Märtyrerrolle zu. Sein Amtsverständnis ist entsprechend: Konsul zu sein heißt, Leiden für den Staat bedingungslos ertragen zu können.

172: Aufgaben zu § 28
Es fällt auf, dass auch der Auftakt der Rede mit mehreren Fragesätzen beginnt, deren erster sogar ebenfalls das Adverb „tandem" enthält, was Ungeduld ausdrückt. An beiden Stellen sind die Fragen eher Anklagen als wirkliche Fragen. Die zu Beginn der Rede richtet Cicero an Catilina, diese hier richtet der Staat an Cicero, d.h. einmal ist er Ankläger und einmal Angeklagter.
Es handelt sich um den Vorwurf des Vertrauensmissbrauchs, den die patria gegen Cicero erhebt. Ein homo novus, also ein Mann, der nicht dem alten römischen Adel, den Patriziern, entstammt, konnte sich nur durch besondere Leistungen hervortun und durch sein Können die Ämter des cursus honorum (Ämterlaufbahn) anstreben. Sein schnelles Erklimmen dieser Karriereleiter kennzeichnet Cicero als besonders fähigen Mann, auf den das Vaterland vertraut. Nun darf er es nicht enttäuschen.

172: Aufgaben zu § 29
a) Parallelismus mit der Besonderheit, dass „invidia" einmal als Genitivattribut und einmal als Substantiv, zu dem zwei Genitivattribute gehören, erscheint.
b) Am Ende des vierten Paragraphen der Rede.
Zum dritten Mal „invidia", hier wieder als Genitivattribut. Inhaltlich ist es schärfer aufzufassen. Hier steigert sich die Wortbedeutung zu „Hass".

pauca = Akk. Pl. n in der Funktion eines Akkusativ-Objekts; „weniges" im Sinne von „wenige Worte".

Der erste Satz ist länger (entsprechend der langen Rede der patria), der zweite dafür kurz und prägnant. Viele Worte für die Anklage, wenige für die Verteidigung; diese Tatsache erzeugt den Eindruck, dass Ciceros Argumente seiner Verteidigung viel offenbarer und einsichtiger sind, sodass er gar nicht vieler Worte bedarf.

Satzskizze

HS: Ego, …, patres conscripti, unius usuram horae gladiatori
     isti ad vivendum non dedissem.
        GS: si hoc optimum factu iudicarem,
             A.c.I.: Catilinam morte multari

dedissem = 1. P. Sg. Plqpt. Konj. Akt. in der Funktion Irrealis der Vergangenheit.

172: Aufgaben zu § 30

Satzskizze

HS: Quamquam non nulli sunt in hoc ordine,
        GS (relativ): qui aut ea,
                        GS (relativ): quae imminent,
                       non videant aut ea,
                        GS (relativ): quae vident,
                       dissimulent;

Der Relativsatz 1. Grades steht im Konjuktiv (videant/dissimulent), weil er einen konsekutiven Nebensinn hat.

Pro und Kontra

wenn ich den einen töte…	wenn ich ihn laufen lasse
ist die Gefahr nicht wirklich gebannt, sondern nur unterdrückt, weil Catilinas Verbündete auch ohne ihn weitermachen werden.	dann nimmt er alle seine Leute mit, verschwindet mit ihnen aus der Stadt, und die Gefahr ist für immer beseitigt.

172: Aufgabe zu § 31

„iam diu": Diese Formulierung korrespondiert mit dem „quam diu" am Anfang der Rede.

172: Aufgabe zu § 32
diligentiam, auctoritatem, virtutem, consensionem

172: Aufgaben zu § 33
Catilina wurde angesprochen, die versammelten Väter, die unsterblichen Götter und Cicero selbst (in der Rede der patria). Die letzte Ansprache gilt Jupiter. Die Götter besitzen die größte Macht, weshalb Cicero versucht, sie für sich „einzuspannen".

Cicero gegen Catilina:
die Übersetzung in *Gradus*-Pensen

Gradus XI

[1] Wie lange noch willst du, Catilina, unsere Geduld missbrauchen? Wie lange noch soll dieser dein Wahnsinn da sein Spiel mit uns treiben? Bis zu welcher Grenze wird deine zügellose Frechheit sich erdreisten? Hat dich der nächtliche Posten auf dem Palatin in keiner Weise erschüttert, in keiner Weise die Wachen der Stadt, in keiner Weise die Furcht des Volkes, in keiner Weise das Zusammentreffen aller Redlichen, in keiner Weise diese so stark befestigte Stätte der Senatsversammlung, in keiner Weise die Mienen und Blicke dieser Männer hier? Merkst du nicht, dass deine Pläne klar zu Tage liegen? Siehst du nicht, dass durch die Kenntnis all dieser Männer hier deine Verschwörung bereits in Fesseln geschlagen ist? Glaubst du, irgendjemand von uns wisse nicht, was du in der letzten, was du in der vorletzten Nacht getrieben hast, wo du gewesen bist, welche Leute du zusammengerufen, was für einen Entschluss du gefasst hast?

[2] O Zeiten, o Sitten! Der Senat versteht es, der Konsul sieht es, und doch lebt dieser Mann. Er lebt? Nein, er kommt sogar in den Senat, nimmt teil an einer öffentlichen Sitzung und mit den Augen bezeichnet und bestimmt er einen jeden von uns zum Mord. Aber wir tapferen Männer scheinen dem Staat wohl Genüge zu tun, wenn wir dem Wüten und den Waffen dieses Mannes ausweichen. Du, Catilina, hättest schon längst auf Befehl des Konsuls zum Tode geführt und auf dich hätte das Verderben gelenkt werden sollen, welches Du schon lange gegen uns alle planst.

[3] Der Hohepriester Publius Scipio, ein Mann von höchstem Ansehen, hat Tiberius Gracchus, obwohl er die Staatsverfassung nur unerheblich erschütterte, getötet, ohne eine Amtsgewalt zu besitzen; da sollen wir als Konsuln Catilina ertragen, obwohl er begehrt, den Erdkreis mit Mord und Brand zu verwüsten? Denn jene allzu weit zurückliegenden Ereignisse lasse ich lieber unerwähnt, dass Gaius Servilius Ahala den Spurius Maelius, als der auf Umsturz sann, mit eigener Hand tötete. Es gab, ja es gab

einst in diesem Staatswesen diese Tugend, dass tapfere Männer den gefährlichen Bürger mit härteren Strafen zügelten als den bittersten Feind. Wir haben einen Senatsbeschluss gegen dich, Catilina, streng und hart; es fehlt dem Staat nicht an Rat noch die Vollmacht dieser Versammlung; wir – ich sage es offen – wir die Konsuln lassen es daran fehlen.

[4] Einst beschloss der Senat, der Konsul Lucius Opimius solle dafür sorgen, dass der Staat keinen Schaden nehme. Keine Nacht verging: getötet wurde wegen eines gewissen Verdachts auf Aufruhr Gaius Gracchus, der Sohn, Enkel und Abkömmling hoch berühmter Männer; getötet wurde mitsamt seinen Kindern der ehemalige Konsul Marcus Fulvius. Durch einen ähnlichen Senatsbeschluss wurde der Staat den Konsuln Gaius Marius und Lucius Valerius anvertraut: Hat etwa daraufhin der Tod und die Strafe des Staates den Volkstribunen Lucius Saturnius und den Prätor Gaius Servilius auch nur einen Tag warten lassen? Aber freilich, wir lassen schon den zwanzigsten Tag zu, dass die Klinge der vom Staat erteilten Vollmacht abstumpft. Denn wir haben ja einen derartigen Senatsbeschluss, aber verschlossen im Archiv, wie ein in die Scheide zurückgestecktes Schwert; nach diesem Senatsbeschluss hätte es sich geziemt, dass du, Catilina, sofort getötet worden wärest. Du lebst aber, und zwar lebst du, nicht um deine Verwegenheit abzulegen, sondern um sie zu stärken. Ich wünsche milde zu sein, versammelte Väter, wünsche andererseits in einer solchen Notlage des Staates nicht nachlässig zu erscheinen; aber schon muss ich mich selbst der Untätigkeit und Nachlässigkeit bezichtigen.

Gradus XII

[5] Ein Lager ist in Italien, in den Engpässen Etruriens, gegen das römische Volk aufgeschlagen worden, die Zahl der Feinde wächst von Tag zu Tag; aber den Befehlshaber dieses Lagers und den Anführer der Feinde sehen wir innerhalb der Mauern und sogar im Senat, wie er täglich irgendein inneres Verderben gegen den Staat ersinnt. Wenn ich dich, Catilina, jetzt verhaften, wenn ich dich töten lasse, muss ich wohl befürchten, dass alle

Redlichen eher behaupten, ich hätte dies zu spät getan, als dass irgend jemand sagt, ich hätte zu grausam gehandelt. Doch aus einem bestimmten Grund bin ich noch nicht zu dem Entschluss veranlasst, das zu tun, was schon längst hätte getan werden sollen. Dann erst wirst du getötet, wenn sich niemand mehr finden lässt, so schlecht, so verkommen, so dir ähnlich, dass er zugäbe, es sei nicht mit Recht geschehen.

[6] Solange es irgendjemand derartigen gibt, der es wagt, dich zu verteidigen, wirst du leben; und zwar wirst du so leben, wie du jetzt lebst: von meinen zahlreichen und starken Wachen bedrängt, so dass du nicht gegen den Staat unternehmen kannst. Auch werden dich vieler Augen und Ohren, ohne dass du es merkst, wie bisher, beobachten und überwachen. Was kannst du denn noch weiter erwarten, Catilina, wenn weder die Nacht die verbrecherischen Zusammenkünfte in Dunkel hüllen noch ein Privathaus die Stimmen deiner Verschwörung in seinen Wänden bergen kann, wenn alles ans Licht kommt, alles offenbar wird? Ändere jetzt deinen Sinn, vertraue mir, vergiss Mord und Brandstiftung! Du bist von allen Seiten umzingelt. Klarer als das Licht sind für uns alle deine Pläne. Diese magst du dir jetzt mit mir vergegenwärtigen.

[7] Erinnerst du dich, dass ich am 21. Oktober im Senat erklärte, Gaius Manlius, der Gefolgsmann und Helfer deiner Dreistigkeit werde an einem bestimmten Tag unter Waffen stehen, und dieser Tag werde der 27. Oktober sein? Habe ich mich etwa geirrt, Catilina, nicht nur, was den bedeutenden, so schrecklichen und so unglaublichen Sachverhalt angeht, sondern, was noch viel mehr zu bewundern ist, bezüglich des Tages? Ich erklärte ebenfalls im Senat, du habest die Ermordung der Optimaten auf den 28. Oktober anberaumt. Damals flüchteten viele hoch gestellte Männer des Staates aus Rom, nicht so sehr, um sich zu retten, als vielmehr, um deine Pläne zu vereiteln. Kannst du denn leugnen, dass du an ebenjenem Tag nichts gegen den Staat unternehmen konntest, weil du durch meine Wachtposten und meine Achtsamkeit ringsum eingeschlossen warst? Als du erklärtest, du seist nach dem Weggang der Übrigen auch mit der Ermordung von uns zufrieden, die wir zurückgeblieben waren?

[8] Wie? Als du zuversichtlich hofftest, Praeneste genau am 1. November durch einen nächtlichen Überfall einzunehmen, hast du da nicht gemerkt, dass jene Kolonie auf meinen Befehl durch meine Posten, Mannschaften und Wachen gesichert war? Nichts tust du, nichts unternimmst du, nichts denkst du, was ich nicht nur höre, sondern auch sehe und genau bemerke. Untersuche endlich mit mir jene vorletzte Nacht; sogleich wirst du begreifen, dass ich viel schärfer auf die Rettung des Staates achte als du auf dessen Verderben. Ich behaupte, dass du in der vorletzten Nacht in die Sichelmachergasse – ich will mich deutlich ausdrücken – ins Haus des Marcus Laeca gekommen bist; dort haben sich noch mehrere Genossen deines wahnwitzigen Frevels versammelt. Wagst du etwa zu leugnen? Was schweigst du? Ich werde dich überführen, wenn du leugnest. Ich sehe nämlich hier im Senat einige, die mit dir zusammen dort waren.

Gradus XIII

[9] O ihr unsterblichen Götter! Wo in aller Welt sind wir denn? Was für einen Staat haben wir? In welcher Stadt leben wir? Hier, hier in unseren Reihen, versammelte Väter, in dieser ehrwürdigsten und bedeutendsten Versammlung der Welt, gibt es Leute, die auf unser aller Vernichtung, die auf den Untergang dieser Stadt, ja des Erdkreises sinnen! Ich, der Konsul, sehe sie und frage sie nach ihrer Meinung bezüglich des Staates und ich verwunde die, die mit dem Schwert niedergemetzelt werden sollten, noch nicht einmal mit meinem Wort. Du warst also in jener Nacht bei Laeca, Catilina, du verteiltest die Gebiete Italiens, du bestimmtest, wohin ein jeder aufbrechen solle, du wähltest aus, wen du in Rom zurücklassen und wen du mit dir nehmen wolltest, du legtest Stadtviertel zur Brandstiftung fest, du versichertest, du selbst werdest Rom jetzt verlassen, du erklärtest, du müssest noch eine kleine Weile bleiben, weil ich noch lebte. Es fanden sich zwei römische Ritter, die dich von dieser Sorge befreien sollten und versprachen, mich in ebenjener Nacht kurz vor Tagesanbruch in meinem Bett zu ermorden.

[10] Dies alles erfuhr ich, kaum dass eure Versammlung beendet worden war. Ich befestigte und sicherte mein Haus durch stärke-

re Wachen; ich schloss die aus, die du mir zur morgendlichen Begrüßung geschickt hattest, weil eben jene gekommen waren, deren Ankunft zu dieser Stunde ich schon vielen und sehr hoch gestellten Männern vorausgesagt hatte. Da die Dinge so stehen, Catilina, setze den Weg fort, den du eingeschlagen hast; gehe endlich aus der Stadt; die Tore stehen offen; brich auf! Allzu lange wartet dein manlisches Lager auf dich, den Feldherrn. Nimm auch alle deine Leute mit, wenn nicht alle, möglichst viele; säubere die Stadt! Du befreist mich von großer Furcht, wenn sich nur erst die Mauer zwischen mir und dir befindet. Unter uns kannst du nicht länger weilen; ich will es nicht ertragen, ich will es nicht dulden und ich will es nicht erlauben.

[11] Den unsterblichen Göttern und besonders diesem Jupiter Stator hier, dem ältesten Beschützer unserer Stadt, gebührt großer Dank, dass wir diesem so abscheulichen, so schrecklichen und für den Staat so gefährlichen Unheil so oft schon entronnen sind. Das gesamte Staatswohl darf nicht noch häufiger durch eine einzige Person gefährdet werden. Solange du mir, dem designierten Konsul, nachstelltest, Catilina, habe ich mich nicht durch staatliche Wachen, sondern durch meine persönliche Vorsicht geschützt. Als du mich, den Konsul, und deine Mitbewerber bei der letzten Konsulwahl auf dem Marsfeld töten wolltest, unterdrückte ich deine verbrecherischen Unternehmungen durch die Hilfe und den Beistand meiner Freunde, ohne öffentlich Aufruhr zu erregen. Schließlich habe ich mich dir, sooft du mich auch bedroht hast, allein widersetzt, obwohl ich sah, dass mein Untergang mit großem Schaden für den Staat verbunden gewesen wäre.

[12] Nun bedrohst du schon offen das gesamte Gemeinwesen, die Tempel der unsterblichen Götter, die Häuser der Stadt, das Leben aller Bürger, ganz Italien weihst du dem Untergang und der Verwüstung. Da ich das, was das Vorrangigste ist und was meiner Amtsgewalt und den Sitten der Vorfahren entspricht, noch nicht zu tun wage, will ich das tun, was bezüglich der Strenge milder, aber bezüglich des Gemeinwohls nützlicher ist. Denn wenn ich dich töten lasse, wird die übrige Schar der Verschworenen im Staat zurückbleiben; wenn du aber, wozu ich dich schon lange auffordere, verschwindest, dann wird auch der

große und verderbliche Abschaum des Gemeinwesens, nämlich deine Kameraden, aus der Stadt geschafft.

[13] Was ist, Catilina? Zögerst du etwa, auf meinen Befehl hin das zu tun, was du bereits aus eigenem Entschluss tun wolltest? Der Konsul befiehlt dem Feind, aus der Stadt zu gehen. Du fragst mich: „Doch nicht etwa in die Verbannung?" Ich befehle es dir nicht, aber, wenn du mich fragst, ich rate es dir. Was gibt es denn, Catilina, was dich in dieser Stadt noch erfreuen könnte? In der es außerhalb dieser Verschwörung Verworfener niemanden gibt, der dich nicht fürchtet, niemanden, der dich nicht hasst. Welches Zeichen häuslicher Schande ist deinem Leben nicht eingebrannt? Welche Schmach privater Angelegenheiten haftet deinem Ruf nicht an? Welche Begierde blieb von deinen Augen, welche Untat je von deinen Händen, welche Schandtat von deinem ganzen Körper fern? Welchem jungen Mann, den du in die Lockungen der Laster verwickelt hattest, trugst du nicht zur Verwegenheit das Schwert oder zur Begierde die Fackel voraus?

[14] Was weiter? Nachdem du kürzlich durch den Tod deiner vorigen Frau für eine neue Hochzeit Platz gemacht hattest, hast du da nicht dieses Verbrechen noch durch ein anderes unglaubliches übertroffen? Doch ich übergehe das und lasse gern zu, dass man es verschweigt, damit nicht offenbar wird, dass die Unmenschlichkeit eines solchen Verbrechens in unserer Bürgerschaft existiert hat oder unbestraft geblieben ist. Ich übergehe den Ruin deines Vermögens, der dir in Gänze – du wirst es spüren – an den nächsten Iden droht. Ich komme zu dem, was nicht die persönliche Schmach deiner Lasterhaftigkeit, nicht deine häusliche Geldnot und Schande, sondern den gesamten Staat und unser aller Leben und Wohlergehen betrifft.

Gradus XIV

[15] Kann dir, Catilina, dieses Licht oder die Luft dieses Himmels angenehm sein, da du weißt, dass hier niemand ist, der nicht wüsste, dass du am 31. Dezember im Konsulatsjahr des Lepidus und Tullus bewaffnet auf dem Komitium standest, dass du dir eine Bande verschafft hattest, um die Konsuln und die ersten Männer des Staates zu ermorden, dass sich deinem

verbrecherischen Wahnsinn nicht irgendeine Einsicht oder Furchtanwandlung deinerseits, sondern das Schicksal des römischen Volkes widersetzte? Und sogar diese Verbrechen übergehe ich: denn sie sind weder unbekannt noch sind es wenige, die später von dir begangen wurden. Wie oft hast du mich als designierten und erst recht als amtierenden Konsul zu ermorden versucht? Wie vielen deiner Angriffe, die so geführt waren, dass sie unausweichlich schienen, bin ich durch eine kleine Biegung und, wie man sagt, nur mit dem Körper entronnen! Du richtest nichts aus, du erreichst nichts, und doch hörst du nicht auf, es zu versuchen und zu wollen.

[16] Wie oft schon ist dieser Dolch deinen Händen entwunden worden, wie oft fiel er durch irgendeinen Zufall herab und ist dir entglitten! Freilich weiß ich nicht, durch welche heiligen Bräuche er von dir eingeweiht und verzaubert worden ist, dass du es für notwendig hältst, ihn in die Brust des Konsuls zu stoßen. Jetzt aber, was ist das für ein Leben, das du führst? Denn nun will ich so mit dir sprechen, dass ich nicht von Hass, den ich dir schulde, bewegt zu sein scheine, sondern von Mitleid, das dir keinesfalls zukommt. Du bist vor kurzem in den Senat gekommen. Wer aus dieser so zahlreichen Versammlung, wer von so vielen deiner Freunde und Vertrauten hat dich gegrüßt? Wenn das seit Menschengedenken niemandem widerfahren ist, da wartest du auf den Schmach der Worte, nachdem du durch das härteste Urteil, das des Schweigens, vernichtet worden bist? Wie? Dass bei deinem Eintreffen diese Bänke geräumt wurden, dass alle ehemaligen Konsuln, die oft schon von dir zum Tode bestimmt waren, sobald du Platz genommen hattest, diesen Teil der Bänke nackt und leer ließen, mit welchem Gefühl glaubst du eigentlich, das zu ertragen?

[17] Beim Herkules, wenn meine Sklaven mich in der Art fürchteten, wie alle deine Mitbürger dich fürchten, ich glaubte, mein Haus verlassen zu müssen, und du hältst es nicht für nötig, die Stadt zu verlassen? Und wenn ich sähe, dass ich meinen Mitbürgern zu Unrecht so stark verdächtig und verhasst bin, verzichtete ich lieber auf den Anblick der Bürger, als dass ich mit den feindlichen Blicken aller betrachtet werde; du aber, obwohl du im Bewusstsein deiner Verbrechen den Hass aller als berechtigt und

längst dir zustehend anerkennst, zögerst, den Anblick und die Gegenwart derer zu vermeiden, deren Gesinnungen und Empfindungen du verletzt? Wenn deine Eltern dich fürchteten und hassten und du dich auf keine Weise mit ihnen versöhnen könntest, würdest du ihnen, wie ich meine, wohin es auch sei, aus den Augen weichen. Nun hasst und fürchtet dich das Vaterland, das unser aller gemeinsamer Ursprung ist, und ist schon lange der Meinung, du dächtest über nichts als seine Vernichtung nach: und du willst weder seinen Willen achten noch sein Urteil befolgen noch seine Macht fürchten?

[18] Dieses (das Vaterland) verhandelt so mit dir, Catilina, und spricht gewissermaßen schweigend: „Schon seit einigen Jahren hat kein Verbrechen stattgefunden außer durch dich und keine Schandtat ohne dich; dir allein blieb die Ermordung vieler Bürger, dir die Misshandlung und Plünderung der Bundesgenossen ungestraft und frei; du warst im Stande, Gesetze und Untersuchungen nicht nur zu missachten, sondern auch zu untergraben und zu brechen. Jene früheren Untaten habe ich, obwohl sie nicht zu ertragen waren, dennoch ertragen, so gut ich konnte; dass ich jetzt aber allein deinetwegen ganz in Angst bin, dass, was auch immer sich regt, Catilina gefürchtet wird, dass offensichtlich kein Anschlag gegen mich geplant werden kann, der nicht mit deiner Ruchlosigkeit zu tun hat, das ist nicht zu ertragen. Deshalb gehe und befreie mich von dieser Furcht; wenn sie begründet ist, damit ich nicht von ihr erdrückt werde, wenn aber unbegründet, damit ich endlich aufhören kann, mich zu fürchten."

[19] Wenn das Vaterland so, wie ich sagte, mit dir spräche, sollte es da keinen Erfolg haben, auch wenn es keine Gewalt anwenden könnte? Was bedeutet es nun, dass du dich selbst in Haft begabst, dass du behauptetest, du wollest, um einen Verdacht zu vermeiden, bei Manius Lepidus wohnen? Da du von ihm nicht aufgenommen worden warst, wagtest du es sogar, zu mir zu kommen, und batest mich, dich in meinem Haus zu beherbergen. Nachdem du von mir ebenfalls die Antwort erhalten hattest, dass ich mich innerhalb derselben vier Wände mit dir keinesfalls sicher fühlen kann, da ich schon in großer Gefahr sei, weil wir uns innerhalb derselben Stadtmauern befänden, gingst du zum Prätor Quintus Metellus. Von diesem abgewiesen, gingst du

weiter zu deinem Genossen, dem sehr ehrenhaften Marcus Metellus, von dem du natürlich glaubtest, er werde dafür sorgen, dich sehr gewissenhaft zu überwachen, äußerst scharfsinnig zu verdächtigen und am tatkräftigsten zu bestrafen. Doch wie weit scheint jemand vom Gefängnis und von den Fesseln entfernt sein zu müssen, der sich selbst schon der Haft für würdig hält?

[20] Unter diesen Umständen zögerst du, Catilina, wenn du schon nicht mit Gleichmut sterben kannst, in irgendein Land zu gehen und dein Leben, das du zahlreichen gerechten und verdienten Strafen entzogen hast, der Flucht und Einsamkeit zu überantworten? Du sagst: „Trage es dem Senat vor." Das verlangst du nämlich und behauptest, du werdest gehorchen, wenn diese Versammlung beschließe, sie halte es für richtig, dass du in die Verbannung gehst. Ich werde es nicht vortragen, weil das meinem Charakter widerspricht, und doch will ich dafür sorgen, dass du erkennst, was diese Männer hier von dir denken. Gehe aus der Stadt, Catilina, befreie den Staat von seiner Furcht, gehe in die Verbannung, wenn du auf dieses Wort wartest. Was ist? Bemerkst du irgend etwas? Bemerkst du das Schweigen dieser Männer? Sie lassen es zu, sie schweigen. Was wartest du auf den ausgesprochenen Befehl dieser Männer, deren unausgesprochenen Willen du erkennst?

[21] Aber wenn ich dasselbe zu diesem vortrefflichen jungen Mann Publius Sestius, wenn ich es zu dem überaus tüchtigen Mann Marcus Marcellus gesagt hätte, dann hätte der Senat völlig zu Recht in ebendiesem Tempel gewaltsam Hand an mich, den Konsul, gelegt. Bei dir aber, Catilina, heißen sie es gut, indem sie ruhig bleiben; sie beschließen es, indem sie es zulassen; und sie schreien, indem sie schweigen. Und nicht nur diese Männer hier, deren Ansehen dir offenbar wertvoll, deren Leben dir aber sehr wenig wert ist, sondern auch jene römischen Ritter, hoch angesehene und vortreffliche Männer, und die übrigen tapferen Bürger, die um den Senat herum stehen, deren große Zahl du sehen, deren Streben du erkennen, deren Stimmen du kurz zuvor deutlich hören konntest. Eben die, deren Hände und Waffen ich kaum noch von dir fern halten kann, werde ich leicht dazu bringen, dich bis zu den Toren zu begleiten, während du das verlässt, was du schon lange zu zerstören trachtest.

[22] Doch was rede ich? Dass dich irgendetwas beugen könnte, dass du dich jemals bessern könntest, dass du auf Flucht sinnen könntest, dass du an Verbannung dächtest? Ach mögen die unsterblichen Götter dir doch diesen Vorsatz eingeben! Obgleich ich doch sehe, wenn du dich, durch meine Worte eingeschüchtert, dazu entschließen solltest, in die Verbannung zu gehen, welch ein Sturm von Anfeindungen uns droht, wenn nicht gleich wegen der noch frischen Erinnerung an deine Verbrechen, so doch in späterer Zeit. Aber das macht wenig aus, wenn dieses nur dein Unglück ist und dem Staat keine Gefahren daraus erwachsen. Aber dass du dich von deinen Lastern erschüttern lässt, dass du die Strafen der Gesetze fürchtest, dass du der traurigen Lage des Staates Rechnung trägst, das kann man nicht verlangen. Denn du, Catilina, bist nicht so geartet, dass dich Scham vor Schändlichkeit oder Furcht von Gefahr oder Vernunft von Raserei zurückhalten könnte.

[23] Deshalb, wie schon oft gesagt habe, brich auf und, wenn du üble Nachrede gegen mich, deinen erklärten Feind, ersinnen willst, gehe geradewegs in die Verbannung. Wenn du das tust, werde ich mit Mühe das Gerede der Leute ertragen; wenn du auf Befehl des Konsuls in die Verbannung gehst, werde ich kaum die Last der Anfeindungen aushalten. Wenn du aber lieber meinem Ruhm und meiner Ehre dienen willst, dann verschwinde mitsamt deiner unredlichen Schar von Verbrechern, begib dich zu Manlius, rufe deine verkommenen Mitbürger herbei, sondere dich von den Rechtschaffenen ab, bringe deinem Vaterland Krieg, prahle mit deinen gottlosen Raubzügen, damit du ganz offensichtlich nicht von mir zu den Fremden hinausgetrieben, sondern eingeladen wurdest, zu den deinen zu gehen.

[24] Doch was kann ich dich noch einladen, da ich weiß, dass du schon Leute vorausgeschickt hast, die bewaffnet bei Forum Aurelium auf dich warten sollen; da ich weiß, dass du mit Manlius einen Tag festgesetzt und vereinbart hast; da ich weiß, dass du sogar jenen Silberadler vorausgeschickt hast, für den in deinem Haus ein verruchtes Heiligtum errichtet war, der dir und allen deinen Leuten aber, so hoffe ich zuversichtlich, Verderben

und Tod bringen wird. Wie könntest du ihn länger entbehren, den du immer anzubeten pflegtest, wenn du zum Morden aufbrachst, von dessen Altar du oft deine ruchlose rechte Hand zum Bürgermord wandtest.

[25] Du wirst endlich einmal dorthin gehen, wohin dich deine zügellose und wahnsinnige Begierde schon lange hinzieht; denn das bereitet dir keinen Schmerz, sondern eine geradezu unglaubliche Lust. Zu diesem Wahnsinn hat dich die Natur geschaffen, dein Wille geübt, das Schicksal aufgespart. Nie hast du den Frieden, nicht einmal den Krieg, außer es sei ein verbrecherischer, gewünscht. Du hast eine Schar von Verbrechern gefunden, zusammengetrommelt aus verworfenen Männern, die verlassen worden sind, und zwar nicht nur von allem Glück, sondern auch von aller Hoffnung.

[26] Welche Wonne wirst du hier genießen, wie wirst du vor Freude jubeln, in welcher Lust wirst du schwelgen, wenn du inmitten der großen Zahl der deinen nicht einen redlichen Mann hörst oder siehst! Auf diese Lebensführung bereiteten dich jene Strapazen vor, die man von dir berichtet: du liegst auf der Erde, nicht nur um auf Unzucht zu lauern, sondern auch um eine Schandtat zu begehen; du wachst des Nachts, nicht nur weil du es auf den Schlaf der Ehemänner abgesehen hast, sondern auch auf das Vermögen friedlicher Bürger. Dort wirst du sie zur Schau stellen können, deine ach so berühmte Ausdauer, Hunger, Kälte und den Mangel an allen möglichen Dingen zu ertragen, wodurch du aber – du wirst es spüren – innerhalb kurzer Zeit erschöpft sein wirst.

[27] So viel habe ich erreicht, indem ich dich vom Konsulat fern hielt, dass du eher als Verbannter den Staat in Unruhe versetzen, als dass du ihn als Konsul misshandeln kannst, und dass man das, was von dir als Verbrecher unternommen wurde, eher als Raubzug denn als Krieg bezeichnen würde. Jetzt möchte ich, versammelte Väter, eine nahezu berechtigte Klage des Vaterlandes abweisen und durch Bitten abzuwenden suchen; ich bitte euch, höret genau, was ich sage und prägt es tief in euer Herz und Gedächtnis ein. Wenn nämlich das Vaterland, das mir weitaus teurer ist als mein Leben, wenn ganz Italien, wenn der ge-

samte Staat zu mir spräche: „Marcus Tullius, was tust du? Willst du den Mann, der – wie du genau erfahren hast – ein Staatsfeind ist, der – wie du siehst – der Anführer des Krieges sein wird, der – wie du merkst – im Lager der Feinde als Feldherr erwartet wird, den Urheber des Verbrechens, das Haupt der Verschwörung, den Aufwiegler von Sklaven und verruchten Bürgern, davonkommen lassen, so dass es scheint, er sei von dir nicht aus der Stadt, sondern in die Stadt gejagt worden? Willst du nicht befehlen, ihn ins Gefängnis zu führen, ihn zum Tode zu schleppen, ihn mit der höchsten Strafe zu bedenken?

Gradus XVI

[28] Was hindert dich eigentlich? Der Brauch der Vorfahren? Aber sehr oft haben in diesem Staat sogar Männer ohne öffentliches Amt verderbliche Bürger mit dem Tod bestraft. Oder die Gesetze, die über die Hinrichtung römischer Bürger erlassen wurden? Aber nie haben in dieser Stadt die, die dem Staat untreu geworden sind, die Bürgerrechte behalten. Oder fürchtest du die üble Nachrede der Nachwelt? Wahrhaftig, einen schönen Dank erweist du dem römischen Volk, das dich, einen nur durch sich selbst bewährten Mann ohne Empfehlung seitens der Ahnen, so frühzeitig über alle Stufen der Ämter hinweg zum höchsten Amt erhoben hat, wenn du wegen der Anfeindungen oder aus Furcht vor einer Gefahr das Wohl der Bürger vernachlässigst.

[29] Doch wenn du Angst vor irgendwelchen Anfeindungen hast, sind die der Strenge und Unerschrockenheit nicht mehr zu fürchten als die der Untätigkeit und Nachlässigkeit. Oder meinst du, wenn Italien durch Krieg verwüstet wird, wenn die Städte heimgesucht werden und die Häuser in Flammen stehen, dann werdest du nicht durch ein Feuer des Hasses zugrunde gehen?" Auf diese ehrwürdigen Worte des Staates und die Ansichten der Männer, die Gleiches denken, will ich in wenigen Worten antworten. Wenn ich es für das Beste hielte, versammelte Väter, dass Catilina mit dem Tod bestraft wird, hätte ich diesem Banditen nicht den Genuss einer einzigen Stunde zum Leben gelassen. Denn wenn die angesehensten Männer, die berühmtesten Bürger

sich mit dem Blut des Saturninus, der Gracchen, des Flaccus und anderer aus noch früherer Zeit nicht nur nicht befleckt, sondern sogar Ehre verschafft haben, dann brauchte ich gewiss nicht zu fürchten, dass sich in der Zukunft reichlich Hass über mich ergießen würde, wenn ich diesen Bürgermörder töten ließe. Wenn er mir aber noch so sehr drohte, war ich doch immer so gesinnt, Unwillen, der durch meine Tatkraft verursacht wurde, für Ruhm, nicht für Unwillen zu halten.

[30] Gleichwohl gibt es einige in dieser Versammlung, die entweder das, was uns drohend bevorsteht, nicht sehen, oder das, was sie sehen, verleugnen; diese haben Catilinas Hoffnung durch milde Meinungsäußerungen genährt und die entstehende Verschwörung durch Unglauben gestärkt; durch ihren Einfluss würden viele, nicht nur unredliche, sondern auch unerfahrene Leute behaupten, ich hätte grausam und tyrannisch gehandelt, wenn ich gegen diesen (Catilina) strafend vorgegangen wäre. Nun meine ich, dass, wenn dieser da in das Lager des Manlius gelangt, wohin er ja strebt, niemand so töricht sein wird, dass er die Verschwörung nicht als vollzogen betrachtet, niemand so verbrecherisch, dass er sie nicht eingesteht. Wenn aber nur dieser eine hingerichtet wird, meine ich, dass dieses Verderben unseres Staates nur für kurze Zeit zurückgedrängt, aber nicht für immer unterdrückt werden kann. Wenn er aber davoneilt, seine Leute mitnimmt und an derselben Stelle die übrigen, von überall her aufgesammelten Schiffbrüchigen um sich schart, dann wird nicht nur dieses so mächtig gewordene Verderben unseres Staates ausgelöscht und vertilgt, sondern auch Wurzel und Keim allen Übels.

[31] Denn schon lange, versammelte Väter, leben wir in diesen Gefahren und Tücken der Verschwörung, aber in der Zeit meines Konsulats, ich weiß nicht wie, ist der Höhepunkt aller Verbrechen, der schon lange bestehenden Raserei und Dreistigkeit offenbar geworden. Wenn jetzt nur dieser eine aus der großen Räuberbande beseitigt wird, werden wir vielleicht für kurze, unbestimmte Zeit von Sorge und Furcht befreit zu sein scheinen, aber die Gefahr wird bleiben und tief in den Gefäßen und Eingeweiden unseres Staates eingeschlossen sein. Wie Schwerkranke oft, wenn sie von Fieberhitze geschüttelt werden, sich zu-

nächst zu erholen scheinen, wenn sie kaltes Wasser getrunken haben, dann aber um so schwerer und heftiger heimgesucht werden, so wird sich diese Krankheit, die in unserem Staat haust, auch wenn sie durch die Bestrafung Catilinas gelindert wird, durch die Übrigen, die am Leben bleiben, erheblich verschlimmern.

[32] Deshalb sollen die Schändlichen weggehen, sich von den Redlichen absondern, sich an einem einzigen Ort versammeln, kurz, was ich schon oft gesagt habe, sich durch die Stadtmauer von uns trennen; sie mögen aufhören, dem Konsul in seinem Haus nach dem Leben zu trachten, den Richterstuhl des Stadtprätors zu umlagern, die Kurie mit Schwertern zu belagern, Brandpfeile und Fackeln zur Einäscherung der Stadt zu beschaffen; kurz, es möge einem jeden auf der Stirn geschrieben stehen, was er über den Staat denkt. Ich verspreche euch, versammelte Väter, dass so große Umsicht bei uns Konsuln vorhanden sein wird, so großes Ansehen bei euch, so große Tatkraft bei den römischen Rittern, so große Einhelligkeit bei allen redlichen Männern, dass ihr nach Catilinas Abzug alles enthüllt und ans Licht gebracht, niedergeworfen und bestraft seht.

[33] Unter diesen Vorzeichen, Catilina, brich zum frevelhaften und gottlosen Krieg auf, zum höchsten Wohl des Staates, zu deinem Unheil und Verderben und zum Untergang derer, die sich mit dir durch jedwedes Verbrechen und Mord verbunden haben. Du, Jupiter, dessen Tempel unter eben denselben Vorzeichen wie diese Stadt von Romulus erbaut worden ist, den wir mit Recht den Beschützer dieser Stadt und des Reiches nennen, du wirst Catilina und seine Genossen von deinen und den übrigen Tempeln, von den Häusern und Mauern der Stadt, vom Leben und Eigentum aller Bürger fern halten und die Widersacher der Guten, die Feinde des Vaterlandes, die Räuber Italiens, die sich durch das Band des Verbrechens und ein ruchloses Bündnis miteinander verbunden haben, mit ewigen Strafen im Leben und im Tod heimsuchen.

Wenn Sie weiterlesen möchten ...

H. W. Ströhler
Crashkurs Latein
Schnell richtig übersetzen

Caesars Sätze sind nicht kurz. Aber sie sind von bestechender Klarheit und
Schönheit. Der Crash-Kurs bietet den Schlüssel, um Caesars und andere Satz-
gefüge zu erschließen – rasch und effektiv.
Oft liegt es an den Augen, wenn das Übersetzen nicht gelingt: Der Blick fällt
nicht auf die Endungen, wie er sollte, oder wenn doch, dann erkennt er sie
nicht. Der Crash-Kurs schärft den Blick und macht mit Endungen, Formen
und sprachlichen Phänomenen (neu) vertraut. Er empfiehlt eine Überset-
zungsmethode, die vom Überschaubaren zum Komplexen fortschreitet und
dadurch hilft, Durchblick und Überblick zu gewinnen. Er eignet sich für
Selbst-Lerner und Seiteneinsteiger sowie für alle, die rasch gut und richtig
übersetzen wollen.

Herbert Plöger
LateinTipps
Der Begleiter für den Lateinunterricht

Die LateinTipps gehören auf den Schreibtisch aller Latein-Lernenden: Neben
Buch oder Lektüre geben sie Orientierung im Dschungel der Formen und Kon-
struktionen.
Das Vademecum hilft Schülerinnen und Schülern, rasch und gezielt Kenntnisse aufzufrischen, auf konkrete Fragen eine knappe Antwort zu finden,
Gelerntes oder noch nicht Gelerntes aus einem neuen Blickwinkel zu sehen.
Unter 52 Stichwörtern von Ablativ bis Wunschsatz findet sich je eine Seite
Kurzinformation zu Form, Übersetzung und Besonderheiten. Das Angebot ist
lehrbuchunabhängig und ebenfalls unabhängig vom Kenntnisstand. (Zusätzlich zum Stichwort-Verzeichnis enthält der Band Tipps zum »Lernen lernen«,
eine kleine Übersetzungsmethodik sowie »Eselsbrücken« und Sprüche.

Hans Baumgarten

Compendium Rhetoricum

Die wichtigsten Stilmittel. Eine Auswahl

Compendium Rhetoricum fasst das Wesentliche zu rhetorischen und stilistischen Fragen knapp und übersichtlich zusammen. Es ist ein unentbehrlicher Begleiter für jede lateinische Unterrichtslektüre. Darüber hinaus bietet die Zusammenstellung für alle einschlägigen Themen des Deutschunterrichts zuverlässige Unterstützung. Auch in Studium und Beruf ist dieses handliche und kompakte Nachschlagewerk von Nutzen.

Compendium Rhetoricum enthält die alphabetische Auflistung der gebräuchlichsten Stilmittel, zu jedem Stichwort eine knappe und verständliche Definition sowie ein Verweissystem, das die einzelnen Tropen und Figuren systematisch erschließt. Ein Stichwortregister erleichtert die schnelle Auffindbarkeit. Mindestens ein deutsches Beispiel und mindestens ein Beispiel aus lateinischen Texten (mit Quellennachweis und Übersetzung) stellen das Phänomen anschaulich vor.

Hans-Joachim Glücklich

Compendium zur lateinischen Metrik

Wie lateinische Verse klingen und gelesen werden

Unter Mitarbeit von Annette Hirt

Rhythmus und Klang zu erfassen trägt wesentlich zum Verstehen und zum Genießen lateinischer Texte bei. Das »Compendium zur lateinischen Metrik« vermittelt in klarer, unterrichtstauglicher Darstellung alle wichtigen Aspekte. Es behandelt Rhythmus, Klang, Vers- und Strophengestaltung unter der generellen Fragestellung, wie lateinische Texte gelesen werden sollen. Alle wichtigen Versmaße sind mit Beispielen besprochen. Die Schulautoren sind von Catull, Ovid, Vergil und Horaz bis hin zu Properz, Plautus, Terenz und Seneca tragicus berücksichtigt. Übungen zur Aussprache und zur metrischen Analyse gibt es ebenso wie Anleitungen zum Lernen der wichtigsten Versmaße. Besonderer Wert wird auf Vorschläge gelegt, die von der Analyse oder vom erlernten Versschema zu aktivem Sprechen und inhaltsgerechtem Lesen führen. Das »Compendium zur lateinischen Metrik« ist ein wichtiger Begleiter jeder Lektüre.